인문학과 손잡은
영어 공부
3

인문학과 손잡은 영어 공부

3

강준만 지음

영어 단어를 통해
정치·사회·문화·역사·상식을 배운다

Vice is a monster of such frightful mien

As to be hated needs but to be seen;

But seen too oft, familiar with its face,

We first endure, then pity, then embrace.

(악덕은 소름 끼치는 자태의 괴물,

그것을 보는 것만으로도 증오하게 돼.

그러나 종종 보게 되고 그 얼굴에 친숙해지면

우리는 먼저 참고 다음엔 연민의 정을 느끼고 그 다음엔 포옹하게 된다.)[1]

영국 시인 알렉산더 포프Alexander Pope, 1688~1744의 시다. "한 번 보고 두 번 보고 자꾸만 보고 싶네." 이 노래 가사는 어떤 사람이나 사물을 보면 볼수록 호감을 느끼게 되는 '단순 노출 효과mere exposure effect'의 핵심을 잘 말해주고 있다. 폴란드 출신 미국 사회심리학자인 로버트 자욘스Robert Zajonc, 1923~2008가 1960년대에 실시한 연구에서 보여주었듯이, 우리가 특정한 사물이나 아이디어에 대해 처음부터 호감이나 중립적인 감정을 가지고 있었다는 전제하에서 그것이 많이 노출될수록 호감은 점점 커진다. 그래서 '친숙성 원리familiarity principle'라고도 한다.

그러나 처음부터 호감이나 중립적인 감정을 가지고 있었다는 전제가 옳은 것인지는 의문이다. 프랑스 파리의 에펠탑을 보자. 에펠탑 건설 계획은 처음에 어찌나 시민들의 반발이 심했던지 프랑스 정부는 '20년 후 철거'라는 타협 카드를 내밀고서야 건설을 추진할 수 있었다. 그러나 에펠탑이 완공된 후 시민들이 매일 보게 되면서 생각도 점점 달라져 나중엔 호감으로 바뀌었으며, '20년 후 철거'를 할 필요도 없었다. 그래서 단순 노출 효과를 '에펠탑 효과Eiffel Tower Effect'라고도 한다.

우리가 오래된 업무 방식에 익숙해져 호감을 느낌으로써 새롭고 혁신적인 업무 방식을 거부하거나, 많은 투자자가 자신이 애용하는 제품이나 용역을 생산하는 기업의 주식에 많이 투자한다면, 이 또한 단순 노출 효과라고 할 수 있다. 이런 경우, '단순 친숙 효과mere familiarity effect'라는 말도 쓰인다.[2]

We want something familiar. So familiar that we are almost sick of it(우리는 익숙한 것을 원한다. 너무 익숙해진 나머지 질려버릴 때까지만 말이다).[3] 미국의 마케팅 컨설턴트 해리 백위드Harry Beckwith, 1949~의 말이다. 그러나 질려버릴 만하면 조금 다른 걸 제시하면서 '익숙'을 '진실'로 착각하게 만드는 괴물이 등장했으니, 그건 바로 유튜브다. 다음 이야기를 경청해보자.

Striking up a conversation, Guillaume Chaslot asked him(seatmate) about the video then on his screen, describing a plot to exterminate billions of people. He hoped the man would laugh the video off, realizing it was absurd. Instead, he told Chaslot, "You have to look at this." The media would never reveal such secrets, he explained, but the truth was right there on YouTube(옆자리 승객이 인류 수십억 명을 몰살하려는 음모가 있다고 주장하는 영상을 보고 있을 때 기욤 샤슬로가 말을 걸어 영상을 어떻게 생각하느냐고 물었다. 샤슬로는 내심 남성이 터무니없다며 웃어넘기기를 바랐다. 그런데 "이 영상을 꼭 봐보세요"라는 답이 돌아왔다. 남자는 언론이 그런 비밀을 절대 드러내려 하지 않지만, 바로 유튜브에 진실이 있다고 설명했다).

You can't believe everything on the internet, Chaslot told him. But he was too embarrassed to admit to the man that he'd worked at YouTube, which was how he knew its system pulled users down rabbit holes without regard for the truth. "He was telling me, 'Oh, but there are so many videos, it has to be true,'" Chaslot said. "What convinced him was not the individual videos, it was the repetition. And the repetition came from the recommendation engine."(샤슬로는 인터넷에 있는 내용을 모두 믿어서는 안 된다고 말했다. 그렇다고 자신이 유튜브에서 일했기 때문에 유튜브 시스템이 진실은 무시한 채 사용자를 토끼굴로 끌어들인다는 사실을 안다고 털어놓자니 너무 부끄러웠다.

"그 남자가 '어, 하지만 영상이 아주 많아요. 그러니 진실인 게 틀림없어요'라더군요. 그 사람에게 확신을 심어준 건 개별 영상이 아니라 비슷한 영상의 반복이었습니다. 반복은 추천 엔진이 만든 거고요").

YouTube was exploiting a cognitive loophole as the illusory truth effect. We are, every hour of every day, bombarded with information. To cope, we take mental shortcuts to quickly decide what to accept or reject. One is familiarity; if a claim feels like something we've accepted as true before, it probably still is(유튜브는 진실 착각 효과illusory truth effect라는 인지 기능의 허점을 악용했다. 우리는 하루 내내 쏟아지는 정보를 마주한다. 그래서 이런 정보 홍수에 대응하고자 인지적 지름길을 이용해, 어떤 정보를 받아들이고 어떤 정보를 무시할지를 빠르게 판단한다. 그런 지름길 하나가 익숙함이다. 어떤 주장이 예전에 진실로 받아들인 내용과 비슷하다는 느낌이 들면 이 주장도 진실일 가능성이 크다고 보는 인지 편향이 일어난다).

Chaslot's seatmate had been exposed to the same crazed conspiracies so many times that his mind likely mistook familiarity for the whiff of truth. As with everything else on social media, the effect is compounded by a false sense of social consensus, which triggers our conformity instincts(샤슬로의 옆자리 승객도 같은 광기를 부리는 여러 음모론에 워낙 많이 노출된 탓에 뇌가 익숙함을 진실의 징조로 잘못 받아들였을 것이다. 소셜미디어에서 나타나는 모든 효과가 그렇듯, 진실 착각 효과도 동조 본능을 자극하는 잘못된 사회적 공감대 때문에 한층 악화

한다).[4]

이 4개의 단락으로 이루어진 이야기는 『뉴욕타임스』 기자 맥스 피셔Max Fisher가 『혼란 유발자들: 인간 심리의 취약점을 이용하는 소셜미디어의 뒷이야기The Chaos Machine: The Inside Story of How Social Media Rewired Our Minds and Our World』(2022)에서 한 것이다. 토끼굴rabbit holes이란 소셜미디어 알고리즘에 의해 사용자가 편향된 콘텐츠만 반복해서 추천받아 빠져드는 현상을 말한다.

familiarization은 '친하게 함, 익숙하게 함'이란 뜻이다. 팸 투어Familiarization Tour는 기업, 공공기관, 지자체, 국가 등 홍보를 원하는 쪽이 기자나 인플루언서 등을 초청해 신제품, 행사, 이슈 등에 대한 안내와 소개를 여행의 형식으로 탐방하는 것을 뜻한다. '친해지기 여행'이라고 할 수 있다. 미국 PR 회사 에덜먼의 창업자인 대니얼 에덜먼Daniel Edelman, 1920~2013이 1950년대에 처음으로 사용한 홍보 수단이다. 주로 언론사 기자들이 취재 여행의 대상이 되기에 미디어 투어Media Tour라고도 부른다. 기자들은 취재 편의를 제공받는 수준이라고 하지만 정작 취재 목적이 불분명한 일정이 많고 고가의 비용이 들어가기 때문에 취재 윤리상 부적절하다는 지적이 꾸준히 제기되어왔다.[5]

반대로 defamiliarization은 '낯설게 하기'다. 친숙하고 일상적인 사물이나 관념을 낯설게 하여 새로운 느낌이 들도록 표현함으로써 지각의 자동화를 피해 관객의 주체성을 확보하기 위한 예술적 기법이다. 러시아 형식주의자 빅토르 시클롭스키Viktor Shklovskii, 1893~1984가 1917년에 처음 만든 말이다.[6]

영국의 미디어 커뮤니케이션 학자 로저 실버스톤Roger Silverstone, 1945~2006은 『왜 미디어를 연구하는가?』(1999)에서 다음과 같이 말한다. "미디어를 연구한다는 것은, 불가피하게 그리고 필연적으로 이화異化의 과정을 포함하게 된다. 이화의 과정이란, 당연히 여겨지는 것에 도전하는 것, 의미의 표면 너머를 파헤치는 것이다. 이화의 과정에서 단순한 것은 복잡해지고 명백한 것은 불투명해진다."[7]

이상은 이 책『인문학과 손잡은 영어 공부 3』의 한 샘플로 쓴 것이다. 이런 식으로 쓰인 35가지의 이야기를 담고 있는 이 책은『교양영어사전』(2012),『교양영어사전 2』(2013),『인문학은 언어에서 태어났다: 재미있는 영어 인문학 이야기』(2014),『재미있는 영어 인문학 이야기 1』(2015),『재미있는 영어 인문학 이야기 2』(2015),『재미있는 영어 인문학 이야기 3』(2015),『재미있는 영어 인문학 이야기 4』(2016),『인문학과 손잡은 영어 공부 1』(2024),『인문학과 손잡은 영어 공부 2』(2024)에 이어 내놓는 이 분야의 10번째 책이다. 인문학과 영어 공부의 유쾌한 악수가 잘 이루어지길 바란다.

2024년 5월

강준만

차 례

(제4장) _____ 무지 · 신용 · 자신감 · 선택 · 변화

(제5장) _____ 미국 · 영어 · 노예 · 실리콘밸리 · 자동차

제1장

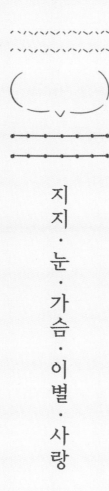

지지 · 눈 · 가슴 · 이별 · 사랑

'스탠 바이
유어 맨'의
역설

He has one standing order: Always take the offensive…
never dig in. 미국 할리우드 영화 〈패튼 대전차 군단Patton〉(1970)
에서 독일군 정보장교가 패튼에 대해 보고하는 내용이다. 여기서 패
튼은 제2차 세계대전 중인 1943~1945년, 북아프리카, 시실리, 프랑
스, 독일에서 전투를 지휘한 미국 육군 대장 조지 패튼George Patton Jr.,
1885~1945을 말한다.

이 문장을 어떻게 번역하는 게 좋을까? 영화 자막엔 "그의 좌우
명은 언제나 전쟁입니다"로 나왔는데, 소설가이자 번역전문가인 안정
효는 『안정효의 오역 사전』(2013)에서 그건 오역이라며 올바른 번역
을 다음과 같이 제시한다. "그가 내세우는 복무 규정은 단 하나, 항상
공격만 하고, 호를 파고 들어가는 짓은 절대로 하지 말라는 것입니다."

안정효의 해설은 다음과 같다. "'좌우명'은 어떤 사람이 스스로

지키겠다고 작정한 생활 지침이다. order는 자신이 아니라 타인더러
지키라고 요구하는 '명령'이다. standing은 '지속적인'이나 '변함이
없는'이라는 뜻이며, standing order는 군대 용어로 '복무 규정'이
다.……dig in은, 전투를 하다가 상황이 불리해져서 몸을 피하기 위
해, '땅을 파고 들어간다'는 뜻이다."[1]

　　dig in은 "(명령문의 형태로) 먹어라[먹기 시작해라], 꾹 참고 기
다리다[견디다], 입장을 고수하다, 부지런히 일하다(공부하다)" 등 다
양한 뜻으로 쓰인다. Help yourselves, everybody! dig in!(자,
모두들 식사해! 어서 먹어!) There is nothing we can do except
dig in and wait(꾹 참고 기다리는 것밖에 우리가 할 수 있는 일이 없다).[2]

stand by는 '지지(지원)하다, 주장하다, 방관하다, 대기하다'
는 뜻이다. She stood by him whenever he was in trouble(그
가 어려운 지경에 처해 있을 때 그녀는 언제나 그를 도왔다). 첫 번째 뜻으
로 가장 널리 알려진 사례는 미국의 컨트리 가수 태미 와이넷Tammy
Wynette, 1942~1998이 1968년에 발표한 불멸의 히트곡 〈스탠 바이 유
어 맨Stand by Your Man〉일 게다. 이 노래 가사의 일부는 다음과 같다.

You'll have bad times/And he'll have good times/
Doin' things that you don't understand/But if you
love him you'll forgive him/Even though he's hard to
understand/And if you love him oh be proud of him/
Cause after all he's just a man/Stand by your man/Give
him two arms to cling to/And something warm to come
to(당신은 힘든 시간을 보낼 거고/그는 즐거운 시간을 보낼 거예요/당신이 이
해하지 못할 일들을 하면서/그래도 당신이 그를 사랑한다면 그를 용서할 거예
요/그가 이해하기 어렵더라도/당신이 그를 사랑한다면 그를 자랑스러워하세
요/결국 그는 남자니까요/사랑하는 그 사람 곁에 서 있어요/그가 매달릴 수 있
는 두 팔을 주고/그가 다가올 수 있도록 따스함을 주세요).[3]

이 노래는 1992년 대선에서 민주당 후보 빌 클린턴Bill Clinton,
1946~의 부인 힐러리 클린턴Hillary Clinton, 1947~ 덕분에 큰 화제가 되
었다. 1992년 1월 26일 빌 클린턴은 CBS-TV의 〈60분60 Minutes〉
에 힐러리와 함께 출연해 자신의 성 스캔들에 대한 변명을 했다. 사회
를 맡은 스티브 크로프트Steve Kroft, 1945~가 "두 분이 줄곧 함께 지냈
고, 문제를 함께 해결했고, 어떤 합의와 타협에 도달한 것처럼 보이는
것은 높이 평가할 만하다는 데 대다수 미국인들은 동의할 겁니다"고

말하자, 클린턴이 가로막고 나섰다. "잠깐만요. 우리는 서로 사랑하고 있습니다. 이건 타협이나 합의가 아니라 결혼생활이에요. 그건 전혀 다른 겁니다."

'타협arrangement'이라는 말에 화가 난 힐러리도 거들었다. "You know, I'm not sitting here, some little woman standing by my man like Tammy Wynette(나는 태미 와이넷의 노래처럼 남편 옆에서 내조나 하는 초라한 여자가 아니다)"이라고 하더니 남편을 진심으로 사랑하고 존경한다고 했다. 이어 방송 불가급 단어인 "heck(젠장)"을 써가며 "만약 사랑이라는 설명으로도 충분치 않다면 내 남편을 안 뽑으면 된다"는 결정타를 날렸다. I'm standing here because I love him and I respect him and I honor what he's been through and what we've been through together. And you know, if that's not enough for people, then, heck, don't vote for him.[4]

이유는 좀 다를망정 누구 못지않게 남자 곁을 끈질기게 지켜온 힐러리가 그런 말을 한다는 건 좀 어폐가 있었지만, 그런 당당한 태도까진 좋았다. 그런데 문제는 태미 와이넷을 거론한 것이었다. 이 노래가 나왔을 때부터 여권운동가들은 남편의 부당한 대우나 잘못을 참고 살라고 부추기는 노래라고 공격했다. 와이넷은 여성들에게 남성의 둘째 지위에 서라는 것이 아니라, 다만 진정 사랑하는 사람을 위해서 그의 단점과 잘못을 너그럽게 보아 넘기라는 제안일 뿐이라고 자신의 노래를 방어했다. 와이넷은 "이 노래를 쓰는 데는 15분밖에 걸리지 않았지만 평생 동안 변명을 하면서 살았다"고 말했다.

그런데 그 노래가 24년 만에 다시 경멸조로 거론되었으니 와이넷은 물론 와이넷 팬들의 기분이 좋았을 리 만무했다. 성난 항의가 빗발쳤다. 힐러리가 자신과 자신의 히트곡을 구분 짓지 않은 것에 감정이 상한 와이넷이 힐러리에게 공개 사과를 요구하자, 힐러리는 와이넷에게 전화를 걸어 사과했고 나중에 다른 텔레비전 인터뷰에서도 공개 사과를 했다.

아이러니하게도 와이넷은 평생 이 노래를 부르면서도 5번이나 결혼했지만, 이 노래에 펄펄 뛰었던 힐러리는 그간 남편의 상습적인 불륜 행각에도 노래 속 주인공처럼 굳건하게 남편 옆을 지키고 있다.[5] 주변에서 이와 비슷한 사례를 보게 된다면 그건 '스탠 바이 유어 맨'의 역설이라고 해도 무방하겠다.

The ultimate measure of a man is not where he stands in moments of comfort and convenience, but where he stands at times of challenges and controversy(한 인간에 대한 궁극적인 척도는 안락하고 편안한 시기에 어떤 입장을 취하느냐가

아니라 도전과 논란의 시기에 어떤 입장을 취하느냐다).[6] 미국의 흑인 민권 운동가 마틴 루터 킹Martin Luther King Jr., 1929~1968의 말이다.

We cannot let political differences stand in the way of that common good(정치적 견해 차이가 공동의 선을 추구하는 데 방해가 되어서는 안 된다). 미국 정치인 밥 돌Bob Dole, 1923~2021이 죽기 2주일 전쯤 미국 일간지 『USA투데이』에 남긴 기고문에서 한 말이다. 그가 힘겹게 종이에 한 글자씩 쓰며 1개월 이상 걸려 완성한 기고문은 바로 이 문장으로 끝을 맺었다. stand in the way는 '길 가운데 서 있다', 즉 '진로를 가로막다'는 뜻이다. 분열의 정치를 염려하며 "타협compromise은 결코 더러운 단어가 아니다"고 누누이 강조했던 노老정객이 남긴 마지막 메시지였다.[7]

One year later, Kyiv stands, and Ukraine stands. Democracy stands. Americans stand with you, and the world stands with you(1년이 지난 지금 키이우는 건재한다, 우크라이나는 건재한다, 민주주의는 건재한다. 미국은 우크라이나와 함께 맞설 것이다. 세계가 우크라이나 함께 맞설 것이다). 미국 대통령 조 바이든Joe Biden, 1942~이 2023년 2월 20일 우크라이나를 깜짝 방문해 우크라이나 대통령 볼로디미르 젤렌스키Volodymyr Zelenskyy, 1978~와 회담을 마치고 나오면서 한 말이다. 정미경은 "이 짧은 구절 안에 'stand'라는 단어가 다섯 번 나왔다"며 다음과 같이 말했다.

"'stand'는 '서다'라는 뜻 외에 '참다', '맞서다'라는 뜻으로 더 많이 씁니다. 'I can't stand it anymore'는 '더이상 서 있을 수가 없다'가 아니라 '못 참겠다'라는 뜻입니다. 대통령이 한창 전쟁이 벌어지는 곳에 간다는 것은 위험한 일입니다.……백악관은 이번 방문의 위험성을 설명하면서 'heads-up(헤즈업)'이라는 단어를 썼습니다. 'Moscow was given a heads-up'이라고 했습니다. 조종사가 전방의 위험을 보기 위해 '고개를 들다'에서 유래한 'heads-up'은 '사전 통보'라는 뜻의 외교 용어입니다. 혹시 모를 공격 가능성에 대비해 러시아에 이번 방문에 대해 미리 알렸다는 뜻입니다."[8]

스티브 잡스의
엑스레이
시선

an eye for an eye는 "눈에는 눈으로, 같은 수단의 보복"이란 뜻으로 쓰인다. 『구약성서』「출애굽기Exodus」제21장 23~25절에서 유래된 표현이다.[9] An eye for eye only ends up making the whole world blind(눈에는 눈으로 보복한다면 세상이 장님이 될 것이다).[10] 비폭력 저항운동을 부르짖었던 인도 지도자 마하트마 간디Mahatma Gandhi, 1869~1948의 말이다.

eye candy는 눈으로 보기에 좋은 사람이나 사물을 뜻한다. 실속이 없다는 부정적 함의를 갖기도 하지만, 그냥 가볍게 '보기에 좋은데'라는 의미일 수도 있다. 원래 easy to look at이 그런 의미로 쓰였는데, 1920년대부터 같은 뜻으로 easy on the eye라는 표현이 쓰였고, 그다음에 나온 게 바로 이 eye candy다. 그러니 말의 맥락을 따져서 판단해야지 무작정 부정적으로만 생각할 것은 아니다. 미국에

서 1980년대부터 텔레비전 드라마나 광고에 등장하는 멋진 인물들을 대상으로 사용되기 시작했다. 1990년대부터는 멋진 외모로 바로 옆에 있는 사람을 돋보이게 해주는 사람을 가리켜 arm candy라는 말이 등장했다.[11]

pie in the sky는 '그림의 떡'이지만,[12] eye in the sky는 항공기·인공위성을 이용한 공중 전자 감시 장치로, 1960년대부터 사용된 말이다. 저널리즘 분야에선 무슨 사건·사고나 그 밖의 이유로 극심한 교통체증이 일어났을 때 이를 보도하기 위해 헬리콥터에 탄 기자를 가리는 말로 쓰인다.[13]

eyesore는 '(건물·사물 등) 흉물스러운[보기 흉한] 것, 보기 싫은 것', sore는 '상처, 아픈, 화가 난', bed sore는 '욕창褥瘡', canker sore는 '작은 궤양潰瘍, 아프타성性 구내염口內炎', cold sore는 '입술[입안]의 발진'이란 뜻이다. The broken window was an eyesore to the neighbors(그 깨진 유리창이 이웃집 사람들

에게는 눈에 거슬렸다).[14]

「South Korea churches' beacons an eyesore to some(남한의 교회 십자가, 어떤 이에게는 흉물스럽다)」. 미국 『로스앤젤레스타임스Los Angeles Times』 2011년 8월 20일자 기사 제목이다. 이 기사는 이제는 서울 야경의 일부가 되어버린 교회의 네온사인 십자가는 주민들의 잠을 설치게 하는 원성의 대상이 되고 있으며, 미국인의 눈에는 '공동묘지'를 떠오르게 한다고 했다.[15]

take eye off는 '눈을 떼다'는 뜻이다. He never took his eyes off her(그는 그녀에게서 한시도 눈을 떼지 않았다). Obstacles are those frightful things you see when you take your eyes off the goal(장애물은 목표에서 한눈팔 때 보이는 것이다).[16] 미국

의 '자동차 왕' 헨리 포드Henry Ford, 1863~1947의 말이다.

It is the eyes of others and not our own eyes which ruin us. If all the world were blind except myself I should not care for fine clothes or furniture(나를 망치는 것은 나 자신의 눈이 아니라 남들의 눈이다. 만약 이 세상에 나를 제외한 모두가 장님이라면, 뭣 때문에 근사한 옷과 가구에 신경을 쓰겠는가).[17] 미국 정치가이자 발명가인 벤저민 프랭클린Benjamin Franklin, 1706~1790의 말이다.

1962년 10월 쿠바 미사일 사태 때 미소美蘇 관계는 일촉즉발의 전쟁 위기까지 갔다. 소련이 쿠바에 미사일 배치를 시도하자 미국은 해상봉쇄로 맞섰다. 봉쇄 사흘 만에 소련은 쿠바 쪽으로 향하던 미사일 장비를 실은 선단의 뱃머리를 돌려 후퇴했다. 소련 함정이 물러나는 순간 백악관 긴급 안보회의에 참석 중이던 국무장관 딘 러스크Dean Rusk, 1909~1994는 옆자리에 앉은 국가안보보좌관 맥조지 번디

McGeorge Bundy, 1919~1996에게 귓속말로 다음과 같이 말했다. We're eyeball to eyeball. I think the other fellow just blinked(우리는 서로 노려보고 있다. 지금 저쪽 친구가 눈을 깜빡인 듯하다).[18]

양쪽이 한 치의 양보도 없이 정면 대치하는 것을 눈싸움에 비유해 'eyeball to eyeball(안구 대 안구의 대결)'이라고 한다. 이런 상황에서는 먼저 눈을 'blink(깜빡이다)' 쪽이 지는 것이다. 당시엔 비밀 협상 내용은 공개되지 않은 채 미국의 승리로 알려졌지만, 이 승리는 미국이 튀르키예와 이탈리아의 나토NATO 기지에서 주피터 미사일을 철수하라는 소련의 요구를 들어줌으로써 가능했던 것이다.[19]

Human discourse without eye contact has its dangers. Anyone who has experienced a misunderstanding via email or witnessed a flame war in an online discussion knows that mediated communications, lacking the nuances carried by eye contact, facial expression, or tone of voice, increase the possibility of conflicts erupting from misunderstandings(눈을 마주치지 않는 인간의 대화에는 위험이 잠재되어 있다. 이메일을 주고받다가 오해가 발생한 경험이 있거나 온라인 논쟁에서 불꽃 튀는 전쟁을 목격한 사람이라면 누구나 매개된 의사소통은 시선, 얼굴 표정, 말투가 전달하는 미묘한 차이를 결여하고 있기 때문에 오해가 발생하기 마련이고, 이러한 오해에서 갈등이 불거져 나올 가능성이 커진다는 것을 알고 있다).[20]

미국 미디어 비평가 하워드 라인골드Howard Rheingold, 1947~가 『참여군중: 휴대폰과 인터넷으로 무장한 새로운 군중Smart Mobs: The Next Social Revolution』(2002)에서 한 말이다. flame은 모욕적이고 감

정이 섞이거나 신랄한 비난이 담긴 이메일 메시지나 온라인 토론방의
글을 가리키는 속어이자 신조어다.

애플의 스티브 잡스Steve
Jobs, 1955~2011는 1983년 펩
시콜라의 사장으로 있던 존 스
컬리John Sculley, 1939~를 애플
CEO로 영입했지만, 2년 후인
1985년 잡스의 독단獨斷에 질
린 스컬리와 이사들에 의해 애
플에서 쫓겨났다. 작가 월터 아
이작슨Walter Isaacson, 1952~이
쓴 잡스의 전기엔 잡스와 스컬
리의 갈등이 극에 이르렀을 때
잡스의 눈에 대해 언급하는 두
장면이 나온다.

스컬리는 잡스의 '경멸에 찬 시선'에 대해 이렇게 말했다. It's
unyielding like an X-ray boring inside your bones, down
to where you're soft and destructibly mortal(단호한 시선이었
지요. 뼛속까지 뚫는 엑스레이처럼 나의 약하고 치명적인 부분을 꿰뚫어보는
것 같았어요).[21]

잡스와의 싸움 때문에 좌절한 표정으로 집에 돌아온 스컬리
를 본 다혈질 아내 리지 스컬리Leezy Sculley는 곧장 혼자 차를 몰고 잡
스에게 찾아가 서로 노려본 후 이렇게 말했다. When I look into
most people's eyes, I see a soul. When I look into your

eyes, I see a bottomless pit, an empty hole, a dead zone(대부분의 사람들은 눈을 바라보면 영혼이 보여요. 그런데 당신의 눈을 보니까 끝도 없는 구덩이, 텅 빈 구멍, 암흑만이 보이는군요).[22] 엑스레이 같은 시선에 암흑만 보이는 눈은 도대체 어떤 눈인지 궁금해진다.

I'll have guacamole coming out of my eyeballs. 미국 제44대 대통령 버락 오바마Barack Hussein Obama, 1961~가 대통령 재임 시절 한 인터뷰에서 좋아하는 음식으로 나초nacho를 꼽으면서 한 말이다. 멕시코 요리의 일종인 나초는 튀기거나 구운 토르티야tortilla 칩으로 다양한 재료를 곁들여 먹는다. 오바마는 으깬 아보카도인 과카몰레guacamole를 곁들여 먹는 걸 좋아한다고 한다. 얼마나 맛있게 많이 먹으면 과카몰레가 얼굴에 꽉 차 눈에서 나올 지경이 되는 걸까? come out of eyeballs(안구에서 나오다)는 어떤 음식을 매우 좋아할 때 쓰는 재미있는 표현이다.[23]

가장 중요한 것은
눈에는
보이지 않아

heart는 일상적 삶에선 주로 사랑과 관련된 마음을 뜻하지만, 병원으로 들어서는 순간 가장 중요한 신체기관인 심장으로 바뀐다. 심장병 전문의는 cardiologist, 심장학은 cardiology다. 그리스어로 heart를 뜻하는 kardia에서 나온 말이다.[24] athlete's heart는 "(운동 과도에 따른) 스포츠맨 심장, 과도 운동성 심장 비대"를 말하며 Athletic heart syndrome(AHS)이라고도 한다.[25] 이는 그간 부정적으로 여겨져 왔으나 1957년부터 달라져, 해로운 게 아니라 좋은 것으로 여겨지고 있다는 주장도 있다.[26]

　　change of heart는 "기분(마음)의 변화, 회심回心, 개종

改宗"을 뜻한다. 기분은 아무래도 가벼운 게 무거운 것보다는 훨씬 낫다. heavy-hearted는 "우울한, 울적해하는, 기운이 없는"이란 뜻이지만, light-hearted는 "태평한, 마음 편한, 유쾌한, 쾌활한, 명랑한"이란 뜻이다. the light-hearted atmosphere of the city는 "그 도시의 명랑한 분위기"란 뜻이다. A light heart lives long(걱정이 없어야 오래 산다).[27] 영국 극작가 윌리엄 셰익스피어William Shakespeare, 1564~1616의 말이다.

가벼움과 약함은 다르다. fainthearted는 'faint(약한)'와 'heart(마음을 가지다)'의 합성어로 "소심한, 용기 없는, 겁 많은, 뱃심 없는"이란 뜻이다. faintheart는 '겁쟁이coward'다. 이런 속담도 있다. Fortune is not on the side of the fainthearted(행운은 소심한 자의 편이 아니다). Faint heart never won fair lady(용기 없는 자는 미인을 얻지 못한다).

You are adorable. Eat your heart out. 미국 할리우드 영화 〈719호의 손님들Plaza Suite〉(1971)에 나오는 대사다. 어떻게 번역하는 게 좋을까? 영화 자막엔 이런 번역이 등장했다. "깨물어주고 싶어요." 소설가이자 번역전문가인 안정효는 『안정효의 오역 사전』(2013)에서 그렇게 번역하는 건 오역이라며 이런 답을 제시한다. "당신 정말 대단하군요. (그럼 이제 그런 년하고 붙어살면서) 어디 속 좀 푹푹 썩어 보라고요."[28]

eat one's heart out은 널리 쓰이는 숙어로 "슬픔으로 속을 태우다. 비탄에 잠기다"는 뜻이다. devour one's heart라고도 한다. 기원전 8세기경 그리스 시인인 호머Homer의 『오디세이Odyssey』에 나오는 말이다. 심장을 갉아먹을 정도니 비탄悲嘆이라 할 만하다.

After Serena lost the plane tickets, she ate her heart out over the mistake(세레나는 비행기 티켓을 잃어버린 후 그 실수에 대해 비탄에 잠겼다).[29]

    We learn the truth not only by reason, but also through our hearts(우리는 이치로써만이 아니라 가슴을 통해서도 진리를 터득한다).[30] 프랑스 사상가 블레즈 파스칼Blaise Pascal, 1623~1662의 말이다.

    Here is my secret. It is very simple: one sees well only with the heart. The essential is invisible to the eyes(내 비밀은 바로 이거야. 정말 간단해. 마음으로 볼 때만 진정으로 볼 수 있어. 가장 중요한 것은 눈에는 보이지 않거든).[31] 프랑스 작가 앙투안 드

생텍쥐페리Antoine de Saint-Exupéry, 1900~1944의 『어린 왕자The Little Prince』(1943)에 나오는 말이다. 가장 중요한 것은 눈에는 보이지 않는다는 말이 인상적이다.

The future doesn't belong to the fainthearted, it belongs to the brave(미래는 마음 약한 자의 것이 아니다. 용감한 자의 것이다). 1986년 1월 28일 우주인 7명을 태운 우주왕복선 챌린저호가 발사 73초 만에 공중에서 폭발했다. 미국 전역의 학교들에서 발사 장면 시청을 장려했던 로널드 레이건 행정부는 충격을 받은 아이들을 위로하는 것이 급선무였다. 대통령 로이드 레이건Ronald Reagan, 1911~2004이 이날 예정되었던 국정연설을 취소하고 한 추모 연설에서 발사 장면을 지켜본 학생들에게 한 말이다.

로널드 레이건은 제2차 세계대전 때 19세의 나이로 공중폭발 사고로 사망한 조종사 시인 존 길레스피 매기 주니어John Gillespie Magee Jr., 1922~1941의 명시 「고공비행High Flight」을 인용하면서 연설을 마쳤다. They waved goodbye and slipped the surly bonds of earth to touch the face of God(그들은 손을 흔들어 작별인사를 하고 신의 얼굴을 만지기 위해 이 땅에서 벗어났다).[32]

You poured your hearts into this campaign(여러분은 이번 선거 캠페인에 정성을 다했다). 2016년 미국 대선에서 공화당 후보 도널드 트럼프Donald Trump, 1946~에게 패배한 힐러리 클린턴Hillary

Clinton, 1947~이 패배 후 지지자들 앞에서 감사하고 미안한 마음을 전하면서 한 말이다. 어떤 일에 진심일 때 '마음을 쏟아붓다pour heart into'라고 한다. 미국 스타벅스 창업자 하워드 슐츠Howard D. Schultz, 1953~가 1997년에 출간한 책의 제목이 인상적이다. '진심을 부어라 Pour Your Heart Into It.'[33]

심리학자이자 심리치료전문가인 최성애는 『나와 우리 아이를 살리는 회복탄력성: 최성애 박사의 행복 에너지 충전법』(2014)에서 '직관 지능'을 키우기 위해선 "직관의 힘은 마음heart에 있으니 마음에 충실해야 한다"며 이렇게 말한다. "영어에 'put your heart into it'이라는 표현이 있습니다. 어떤 일을 할 때 마음을 담아서 하라는 뜻입니다. 우리나라에서는 '정성精誠'이라고 하는데, 정성의 뜻은 '온 힘을 다하려는 참되고 성실한 마음'입니다."[34]

Don't Break the Heart That Loves You(당신을 사랑하는 마음에 상처를 주지 마세요). 미국 여 가수 카니 프랜시스Connie Francis, 1938~의 1962년 히트곡 제목이다. 오래된 노래일수록 가사가 좋다. 가사는 다음과 같다.

Don't break the heart that loves you/handle it with care/Don't break the heart that needs you/darlin', please be fair/Why do you flirt and constantly hurt me/

Why do you treat our love so carelessly//You know I'm jealous of you/and yet you seem to try/To go out of your way to be unkind/Sweetheart, I'm begging of you/don't break this heart that loves you/Don't break this heart of mine(당신이 사랑하는 마음에 상처를 입히지 마세요/조심스럽게 다루세요/당신을 원하는 마음에 상처를 입히지 마세요/그대여, 제발 정중히 하세요/왜 당신은 장난스레 연애하며 내게 상처를 주나요?/왜 당신은 우리의 사랑을 함부로 다루나요?//나는 당신에게 질투를 느끼고/당신은 아직도 친절하지 않은 당신의 방식대로/가려고 노력하는 것처럼 보여요/그대여, 나는 당신에게 빌어요/당신이 사랑하는 이 마음에 상처를 주지 마세요/내 마음에 상처를 주지 마세요).

당신을 사랑하는 마음에 상처를 주지 마세요. 누군들 상처를 주고 싶어서 주겠는가? 진실은 상처를 주는 경우가 많다. 차라리 진실을 모르고 넘어가길 바라는 경우가 더 많다고 해도 과언이 아니다. 진실을 외면할 것인가? 상처를 넘어설 것인가? 여성학자 정희진은 "예전엔 상처받은 사람은 언제나 '약자'이거나 더 사랑하는 사람이라고 생각했지만 이제 달라요. 상처는 깨달음의 쾌락과 배움에 지불하는 당연한 대가이고, 안다는 것은 곧 상처받는 일이어야 한다고 생각해요"라고 말한다.[35] 그럼에도 여전히 딜레마다. 자신의 마음에 상처를 주지 말라고 애원하는 연인 앞에선 말이다.

그는
떠나야
해요

go by엔 '(잠시) ~을 방문하다, ~에 들르다make a brief visit'는 뜻이
있다. Will you go by and dine with me?(잠시 들러서 함께 식사하
지 않겠는가?)[36] go by의 용법과 관련해 임귀열이 소개한 다음과 같은
실수를 하지 않도록 주의하는 게 좋겠다.

　　"Chicago 매표소에서 한국인 Lee씨가 New York행 열
차 표를 산다. Ticket Office Agent: Do you wish to go by
Buffalo? Lee: Certainly not! I want to go by train. 영어 좀 하
는 교포인데 중요 대목에서는 원어민과 격차를 보이고 말았다. 'Go
by Buffalo'는 'Buffalo역을 통과하다'는 뜻인데 '무슨 소리냐! 나
는 기차로 가야 한다go by train'는 엉뚱한 응답을 한 것이다. 한국인 머
릿속에는 'go by Buffalo'를 교통수단의 by car나 by train 등처
럼 이해했던 모양이다."[37]

Christ, they're going after Mickey Mouse(맙소사, 저들이 미키 마우스를 노리고 있다). 미국 대통령 조 바이든Joe Biden, 1942~이 2022년 4월 21일 한 정치 행사에서 성적 소수자의 자유 문제를 둘러싸고 벌어진 플로리다의 공화당 소속 주지사 론 드센티스Ron DeSantis, 1978~와 디즈니월드에 7만 7,000여 명의 직원을 거느린 플로리다 최대 고용 기업인 디즈니의 갈등에 대해 한 말이다.

go after는 긍정의 의미로 쓸 수도 있고 부정의 의미로 쓸 수도 있다. 미국인들이 즐겨 쓰는 Go after your dreams(네 꿈을 좇아라)는 긍정의 의미이지만, 바이든의 발언은 "크라이스트Christ"라는 탄식으로 시작했기에 '노리다', '겨냥하다', '정조준하다'는 뜻이다. 미국이 우크라이나를 침공한 러시아 집권 재벌들에 대한 제재를 발표했을 때 'The US goes after Putin's oligarches(미국이 푸틴 측근 재벌들을 정조준한다)'라는 기사 제목이 많았다.[38]

going forward는 '앞으로[장차](의)'란 뜻이다. Going forward, we need to have a real plan(앞으로는 우리에게 진정한 계획이 있어야 할 것이다). The strategy going forward is still undecided(앞으로의 전략은 아직 결정되지 않았다). We have a very solid financial position going forward(우리는 앞날에 대한 재정

적 입장이 아주 탄탄하다).[39] 임귀열은 going forward는 알아듣는 걸로 족할 뿐 굳이 쓸 필요는 없다며 다음과 같이 말한다.

"'Going forward, you don't want to make this mistake again.' K사의 Manager Jennifer의 말이다. 부하 직원에게 '앞으로는 실수하지 마라'고 한 것인데 'going forward'가 그럴싸하게 들린다. 일종의 office jargon이고 buzz words, 직장의 유행어다. 남들이 사용하기 때문에 나도 사용하지만 자꾸 들으면 식상하고 귀찮아지는 말이다. 'Going forward' 대신 그냥 'In future'라고 말하면 간단하고 편하다."[40]

go-getter는 '(비격식)(특히 사업에서) 성공하려고 단단히 작정한 사람', be a (real) go-getter는 '박력이 있다'는 뜻이다. He's a real go-getter(그는 추진력이 대단하다). He's real go-getter. He's so energetic(그 사람 정말 박력 있지. 얼마나 열정적인데). She has tremendous ambition. or She is a real go-getter(그녀는 엄청난 야심이 있다). He is a real go-getter who does everything enthusiastically(그는 열정을 가지고 모든 일을 열심히 하는 사람이다). A go-getter like you will succeed no matter what you do(당신처럼 투지가 강한 사람은 무엇을 하든 성공할 거예요).[41]

I'll pay you the going rate for labor whatever job you're assigned(당신한테 할당되는 모든 작업에 대해 경과에 따라 돈을 주겠소). TV영화 〈들판의 백합The Lilies of Field〉(1963)에 나오는 대사의 번역이다. 이에 대해 소설가이자 번역전문가인 안정효는 『안정효의 오역 사전』(2013)에서 다음과 같이 말한다.

"going rate은 '경과에 따라'처럼 보일지도 모르지만, '현재

DIFFERENT BY FAITH, SKIN AND CALLING BUT WHAT A WONDERFUL ADVENTURE THEY SHARED!

통하는going 가격rate', 그러니까 '현재 시세대로'라는 뜻이다. job you're assigned는 우리말식 능동형으로 옮기면 '당신이 맡은(하는) 일'이다." 따라서 다음과 같이 번역하는 게 옳다는 것이다. "당신이 무슨 일을 맡거나 간에, 보수는 섭섭하지 않게 주겠어요."[42]

1980년 미국 대선 토론에서 재선을 노린 민주당 대통령 지미 카터Jimmy Carter, 1924~와 공화당 후보 로널드 레이건Ronald Reagan, 1911~2004이 맞붙었다. 레이건은 캘리포니아 주지사 시절 메디케어(노인의료보험)를 축소하는 정책으로 논란이 많았는데, 카터는 레이건의 약점인 메디케어 정책을 공격했다. 그러자 레이건은 'There you go again(또 그 타령이네)'이라는 말로 대응했다.

'there you go again'은 어디를 간다는 의미가 아니라 "또 시작이냐"라는 뜻으로, 별것도 아닌 일을 꼬투리를 잡는다는 의미다. 사실 레이건의 메디케어 정책을 살펴보면 비판할 근거는 충분히 있었기에 문제점들을 조목조목 공격한 카터가 점수를 따야 마땅한 일이었지만, 오히려 "또 그 타령이네"라는 한마디로 제압해버린 레이건이 박수를 받았다. AP통신은 이렇게 말했다. Reagan is a master at capturing a debate moment that everyone will

remember(레이건은 모두가 기억할 만한 토론의 순간을 만들어내는 장인이다).[43]

참 묘한 일이었다. 결국 이 토론에서 집요한 공세를 펼쳤던 카터는 품위 없이 보였고 미소를 함빡 머금으며 미꾸라지처럼 살살 빠지는 레이건은 겸손하고 도량이 넓은 사람으로 비쳐졌다. ABC-루이스 해리스 여론조사 결과에 따르면, '카터가 매우 도덕적인 사람은 아니다'라고 생각하는 사람이 1년 전에 비해 2배로 늘었다.[44]

"there you go again"은 레이건의 전매특허 발언이 되었다. 기자들이 난처한 질문을 하면 이렇게 말하며 살짝 피해갔다. 나중에 민주당 대통령 빌 클린턴Bill Clinton, 1946~은 'you'를 'they'로 바꿔 'there they go again(쟤네 또 시작이네)'이라는 슬로건을 만들어 써먹기도 했다.[45]

Put your sweet lips/a little closer to the phone/Let's pretend/that we're together all alone/I'll tell the man/

to turn the jukebox way down low/And you can tell/your friend there with you/He'll have to go(당신의 달콤한 입술을/전화기에 좀더 가까이 대세요/우리가 단둘이서만/있는 것처럼 하세요/나는 여기 사람에게 주크박스의 볼륨을/아주 낮게 하라고 말할 게요/그리고 당신도 거기에 당신과 함께 있는/당신의 남자 친구에게 말할 수 있어요/그가 가야만 될 거라고).

미국 가수 짐 리브스Jim Reeves, 1923~1964의 1959년 히트곡인 〈He'll Have to Go(그는 떠나야 해요)〉다. 한 여인을 둘러싸고 벌어지는, 불꽃이 튀는 사랑의 대결 장면이다. 과연 그가 가야만 하는가? 그러나 그건 짐 리브스의 생각일 뿐이다. 그녀가 그와 같이 있는 데엔 그만한 이유가 있지 않을까? 그러나 이 노래는 그 점에 대해선 아무 말도 없다. 그저 그가 떠나가야 한다는 일방적 주장만 하고 있을 뿐이다. 저간의 사정을 알 것도 같다. 그래서 여성 가수 스키터 데이비스Skeeter Davis, 1931~2004가 〈He'll Have to Stay(그는 남아 있어야 해요)〉라는 답가를 내놓았다.

I'm glad you finally called me on the phone/I've been waiting here tonight/but not alone/You broke the date/that we had made just yesterday/Now there's someone else is here/he'll have to stay…Once I loved you with all my heart/But now I must say no/You broke my heart too many times/So now you'll have to go(당신이 마침내 내게 전화해 주어서 기뻐요/오늘밤 나는 여기서 기다렸어요/그러나 나 혼자가 아니에요/당신은 데이트 약속을 어겼어요/우리가 바로 어제 약속했던 거죠/이제, 여기에 다른 사람이 있어요/그는 남아 있어야만 될 거예요…한때, 내가 당신을 나의 온 마음으로 사랑했지만/이제는 아니요라고 내가 말해야만 해요/당신은 내 마음에 너무 많은 상처를 주었어요/그러니, 이제 당신이 가야만 될 거예요).

"있을 때 잘해주지"라는 말은 이래서 나온 건가? 오직 자기밖에 모르는 이기적 사랑에 대한 경고라 할 수 있겠다. "남자는 욕망하는 상대를 사랑하고 여자는 사랑하는 상대를 욕망한다"는 말이 있다. 사람은 사람을 사랑하기보다는 자신이 원하는 걸 가진 사람을 사랑하는 경우가 많다. 사랑과 욕망의 변증법에 주목해볼 일이다.

사랑은
나의 천국이자
지옥이다

If you love those who love you, what credit is that to you? Even 'sinners' love those who love them(너희가 만일 너희를 사랑하는 자를 사랑하면 칭찬받을 것이 무엇이뇨? 죄인들도 자신을 사랑하는 자를 사랑하느니라). 『신약성경』「누가복음Luke」제6장 32절에 나오는 말이다. 『신약성경』에 나오는 사랑의 메시지로는 단연 "Love is patient, love is kind(사랑은 오래 참고 사랑은 온유하며)"로 시작하는 『신약성경』「고린도전서1Corinthians」제13장 4~7절에 나오는 말이지만, 앞에 인용한 말을 포함해 많은 사랑의 말이 있다. 몇 개를 더 소개하자면, 다음과 같다.

Love your enemies and pray for those who persecute you(너희의 원수를 사랑하며 너희를 핍박하는 자를 위하여 기도하라). 『신약성경』「마태복음Matthew」제5장 44절에 나오는 말이다.

Love your neighbor as yourself(네 이웃을 네 몸과 같이 사랑
하라).『신약성경』「마태복음Matthew」제22장 39절에 나오는 말이다.

Love your enemies, do good to those who hate
you(너희 원수를 사랑하며 너희를 미워하는 자를 선대善待하라).『신약성
경』「누가복음Luke」제6장 27절에 나오는 말이다.

Bless those who curse you, pray for those who
mistreat you(너희를 저주하는 자를 위하여 축복하며 너희를 모욕하는 자
를 위하여 기도하라).『신약성경』「누가복음Luke」제6장 28절에 나오는
말이다.

The lack of physical attraction was fatal. Strongly
as my judgment prompted, my instincts would not
respond(육체적 끌림이 없었던 것이 결국 치명적이었다. 내 이성의 판단은
그것을 강력하게 촉구하고 있었지만, 본능이 반응하지 않았다). 영국 사회학

자 허버트 스펜서Herbert Spencer, 1820~1903가 같이 극장에도 가고 끊임없이 대화를 나누면서 교제를 했던 여성 소설가 조지 엘리엇George Eliot, 1819~1880의 구애를 받아들일 수 없었던 이유에 대해 수십 년 후에 한 말이다. 당시 그녀는 사랑을 애원하면서도 여성으로선 대담한 편지를 썼다.

If you become attached to someone else, then I must die, but until then I could gather courage to work and make life valuable, if only I had you near me. I do not ask you to sacrifice anything—I would be very glad and cheerful and never annoy you(당신이 다른 누군가를 좋아하게 된다면 저는 죽어야 합니다. 그러나 그때까지는 당신을 제 곁에 두어야만 일을 하고 삶을 가치 있게 만들 용기를 낼 수 있어요. 당신은 아무것도 희생하지 않아도 됩니다. 항상 당신을 기쁘고 즐겁게 해 드릴 거고, 절대 성가시게 하지 않을 거예요).

I suppose no woman ever before wrote such a letter as this—but I am not ashamed of it, for I am conscious in the light of reason and true refinement I am worthy of your respect and tenderness, whatever gross men or vulgar-minded women might think of me(어떤 여자도 이런 편지를 쓴 적이 없을 거라 생각해요. 그러나 저는 부끄럽지 않아요. 상스러운 남자들과 천박한 여자들이 저를 어떻게 생각한다 해도, 저의 이성과 진정한 교양이

당신의 존중과 애정을 받을 가치가 있다고 생각하기 때문입니다).[46]

그럼에도 스펜서는 엘리엇의 이런 열렬한 구애를 거부하고 말았으니, 참 독한 사람이라고 할 수밖에 없다. 언론인 데이비드 브룩스 David Brooks, 1961~는 『인간의 품격The Road to Character』(2015)에서 이런 관전평을 내렸다. Spencer liked her company but could not overcome his own narcissism and her ugliness(스펜서는 그녀와 함께 시간 보내는 것을 좋아했지만, 자신의 자아도취적 성향과 그녀의 못생긴 외모를 극복하지 못했다).[47]

How bold one gets when one is sure of being loved(인간은 사랑받는다는 사실을 확인할 때에 용기를 얻는다). 정신분석의 창시자인 오스트리아 정신병리학자 지그문트 프로이트 Sigmund Freud, 1856~1939의 말이다.

그는 사랑이 주는 비극에 대해서도 다음 명언을 남겼다. We are never so defenseless against suffering as when we love, never so forlornly unhappy as when we have lost our love object or its love(우리는 사랑하고 있을 때만큼 고통에 무방비 상태가 될 때도 없고, 사랑하는 대상을 잃거나 그 대상의 삶을 잃었을 때만큼 무력하게 불행할 때도 없다).[48]

"사랑은 나의 천국 사랑은 나의 지옥"이라는 유행가 가사가 떠오른다. 끝내 허버트 스펜서에게 거부당한 조지 엘리엇도 그런 생각을 하지 않았을까? 자주 사랑과 관련해 놀라운 뉴스를 만들어냈던 미국 가수 마돈나Madonna, 1959~의 사랑은 어떤지 궁금하다.

She can stand before 80,000 people in a stadium and hold them in the palm of her hand. Yet off the stage she is the most insecure woman I have ever met(마돈나는 스타디움에 모인 8만 명의 관객을 손아귀에 쥐고 흔들 수 있다. 하지만 무대 밖의 그녀는 내가 아는 한 가장 불안정한 여성이었다).

마돈나의 전 보디가드이자 애인이었던 짐 올브라이트Jim Albright의 말이다. 이와 관련, 영국의 전기 작가 앤드루 모튼Andrew Morton, 1953~은 『마돈나Madonna』(2001)에서 다음과 같이 말했다.

Although she is in control of her artistic and business life, she has all too often lost control of her love life. In contrast to her supremely self-confident public image, the private Madonna is often uncertain and unsettled in her relationships(마돈나는 창작과 사업에 대해서는 지배력을 갖고 있음에도 애정 생활에서는 자주 통제력을 잃어버렸다. 극도로 자신감 있는 공적 이미지와 반대로 사생활 속의 마돈나는 인간관계에서 종종 확신을 갖지 못하고 불안해한다).[49]

It is no surprise that the feast dedicated to amorousness, St Valentine's Day, anticipates the onset of spring by a few weeks, as if to help rouse human sensibilities from their winter hibernation. Romance perfumes the air in spring; flowers appear for the express purpose of being bunched into lovers' tributes; chocolate manufacturers count their profits(연인들의 축제인 밸런타인데이가 봄이 시작되기 몇 주 전이라는 사실은 놀라운 일이 아니다. 그것은 마치 인간의 감정이 동면에서 깨어나는 것을 기념하는 듯하다. 봄의 대기에 낭만의 향기가 흐를 무렵이면 흐드러진 꽃들은 다발로 묶여 연인의 선물이 되고, 초콜릿을 만드는 기업들은 짭짤한 수익을 올린다).[50]

영국 철학자 A. C. 그레일링A. C. Grayling, 1949~이 『미덕과 악덕에 관한 철학사전The Meaning of Things: Applying Philosophy to Life』(2001)에서 한 말이다. 하지만 사랑을 냉철하게 볼 수도 있다. 이에 대해선 그레일링은 다음과 같이 말한다.

Sober folk claim that falling romantically in love is not a good way to get to know someone, for Stendhal's reason that we cloak the beloved in a layers of crystal, and see a vision rather than a person for the whole period of our entrancement. On this view it is a delusional state, and the fact that it is short-lived is therefore good(냉철한 사람들은 낭만적인 사랑이 상대방을 파악하는 좋은 방법이 아니라고 말한다. 프랑스의 소설가 스탕달에 의하면 황홀경에 빠져 있을 때 우리는 사랑하는 사람을 빛나는 수정으로 치장한다고 한다. 그때 우리가 보는 것은 사람이 아닌 환영이다. 그의 견해가 옳다면 사랑이란 결국 망상이므로 기간이 짧은 것이 우리에게 오히려 낫다).[51]

여기서 sober는 '술 취하지 않은, 냉철한, 진지한', amorous는 '사랑의, 연애의', perfume은 '향기를 풍기다, 향기롭게 하다', express는 '특별한, 특정의', vision은 '환상, 환영'이란 뜻으로 사용되었다. by his express consent는 '그의 특별 승낙을 받고', for the express purpose of seeing the principal은 '특히 교장을 만날 목적으로'란 뜻이다. We have an express purpose in being here(우리가 여기에 온 것은 특별한 목적이 있기 때문이다).[52]

제2장

유머·우울증·낙관주의·교육·어린이

천사가
날 수 있는
이유

Norman Thayer, Jr., your fascination with dying is
beginning to frazzle my good humor. 영화 〈황금 연못On
Golden Pond〉(1981)에서 80세
가 된 남편 헨리 폰다Henry Fonda,
1905~1982에게 캐서린 헵번Katharine
Hepburn, 1909~2003이 한 잔소리다.
이걸 어떻게 번역해야 할까? 국내
영화 자막에 오른 번역은 다음과 같
다. "노먼 테이어 주니어, 그 죽겠다
는 열정 때문에 내 유머 감각은 형편
없어졌어요."

　　이에 대해 소설가이자 번역전

문가인 안정효는 『안정효의 오역 사전』(2013)에서 이 번역의 문제를 다음과 같이 지적했다. "'유머 감각'은 sense of humor이지 good humor가 아니다. 그리고 humor는 우리가 흔히 알고 있는 '유머'이기에 앞서 '기분mood'이나 '기질state of mind'이라는 의미로 먼저 통용되었다. 그러니까 good humor는 '좋은 기분'이다. fascination도 '열정'이 아니라 여기서는 어떤 대상에게 쏠리는 '지나친 관심'이나 '홀린 상태'를 뜻한다.……Norman Thayer, Jr.라는 식으로 상대방의 이름을 성까지 모두 일부러 격식을 갖춰 부르는 것은 화가 났거나 꾸짖으려는 말투를 나타낸다."

따라서 옳거니와 실감나는 번역은 다음과 같다. "그만두지 못해요? 당신이 하도 죽는 얘기만 입에 달고 다니니까, 좋기만 하던 내 기분이 완전히 잡쳐 버리고 말았잖아요."[1]

humor의 어원인 라틴어 umor는 액체 또는 습기라는 뜻인데, 히포크라테스Hippocrates, B.C.460~B.C.370의 시대부터 중세에 이르기까지 인간의 체질과 기질은 4체액體液, humor의 배합에 의해 정해지는 것으로 믿었다. 이와 같은 오역을 피하기 위해선 이걸 알아두는 게 좋겠다. 미국 역사가 대니얼 부어스틴Daniel J. Boorstin, 1914~2004의 『발견자들The Discoverers』(1983)에 나온 설명을 소개한다.

Within each person there were four "cardinal humors"—blood, phlegm, choler, and melancholy (or black choler). Health consisted of the proper balance of these four humors, and disease came from an excess of an insufficiency of one or another of them. Each person's "temperament" was his unique balance of the four cardinal humors, hence some people were "sanguine," others "phlegmatic," "choleric," or "melancholic."(모든 개인에게는 혈액, 점액, 담즙, 흑담즙이라는 4가지의 '기본 체액'이 있다. 건강은 이 4가지 체액의 평형으로 이루어지고, 질병은 이들 중 어느 하나가 과다하거나 부족할 때 발생한다. 각 개인의 '기질'은 이 4가지 기본 체액의 독특한 평형으로 이루어지며, 그래서 어떤 사람은 '쾌활'하고 또 어떤 사람은 '냉담'하거나 '조급'하거나 '우울'하다).[2]

Humor is mankind's greatest blessing(유머야말로 인간의 최대 축복이다).[3] 미국 작가 마크 트웨인Mark Twain, 1835~1910의 말이다.

Having sense of humor has become a synonym for being stable, adaptive, capable of dealing stress, self-controlled, friendly, easygoing, and generous(유머 감각을 가지고 있다는 것은 안정되고 적응을 잘하며, 스트레스에 대처할 능력이 있고, 자제력이 있고, 친근하며, 화를 잘 내지 않으며, 대범하다는 것과 동의어가 되었다).[4] 미국 심리학자 고든 올포트Gordon Allport, 1897~1967의 말이다.

We think of humor as a mark of sanity for a good reason: in fun and play we recover the integral person, who in the workaday world or in professional life can use only a small sector of his being(우리가 유머를 건전한 정신의 표시

로 생각하는 데에는 그만한 이유가 있다. 무미건조한 세계 또는 직업 세계에서 단지 존재의 일부분만을 사용할 수 있는 우리가 놀이를 통해 총체적인 인간으로 회복될 수 있기 때문이다).[5]

캐나다의 미디어 학자 마셜 매클루언Marshall McLuhan, 1911~1980이 『미디어의 이해Understanding Media』(1964)에서 한 말이다. workaday는 "평범한, 보통의; 별로 흥미로울 것 없는(=everyday)", in this workaday world는 '이 무미건조한[답답한] 세상에서', workaday folk는 '분주히 일하는 사람들', the workaday middle-class는 '중산노동 계급'이란 뜻이다.

Humor is essential to a successful tactician, for the most potent weapons known to mankind are satire and ridicule. A sense of humor enables him to maintain his perspective and see himself for what he really is: a bit of dust that burns for a fleeting second. A sense of humor is incompatible with the complete acceptance of any dogma, any religious, political, or economic prescription for salvation(유머는 성공적인 전술가에게 필수적이다. 왜냐하면 인류에게 알려진 가장 힘 있는 무기는 풍자와 조롱이기 때문이다. 유머 감각은 자신의 시각을 유지할 수 있도록 해주며 또한 자신이 과연 무엇인지에 대해 자신을 직시할 수 있도록 해준다. 우리는 덧없는 순간 동안만 타오르는 조그마한 티끌이다. 유

머 감각은 구원을 위한 독단적 교리나 종교적, 정치적, 경제적 처방이라면 그 어떤 것에라도 완전히 빠져들게 내버려 두지 않는다).[6]

미국의 급진적 빈민운동가이자 지역사회 조직가인 솔 알린스키Saul Alinsky, 1909~1972가 『급진주의자를 위한 규칙: 현실적 급진주의자를 위한 실천적 입문서Rules for Radicals: A Pragmatic Primer for Realistic Radicals』(1971)에서 한 말이다.

I have left orders to be awakened at any time in case of national emergency even if I'm in a Cabinet meeting(국가 위기 상황 때는 언제라도 나를 깨우라는 지시를 내렸다. 내각 회의 중이라도). '유머의 신'으로 불렸다는 미국 제40대 대통령 로널드 레이건Ronald Reagan, 1911~2004의 말이다. 읽자마자 웃지 않았다면 아무래도 해설을 좀 듣는 게 좋겠다. 정미경은 "레이건의 유머는 펀치라인(웃음을 유발하는 결정적 구절)을 아무렇지도 않게 슬쩍 던지고 지나가는 식입니다. 주의 깊게 들어야 하고 되새겨보면 미소를 짓게 됩니다"라면서 다음과 같이 말했다.

"레이건 대통령은 70세 고령에 대통령이 됐고 임기 초 암살 시도까지 겪었기 때문에 건강에 대한 우려가 끊임없이 제기됐습니다. 그는 '안보 위기 상황이 발생하면 언제라도 나를 깨우라는 지시를 내렸다'고 합니다. 그 다음에 '내각 회의 중이라도'라는 펀치라인이 나옵니다. 직장인에게 회의는 지루하고 졸음이 오는 시간입니다. 미국 대통령도 예외가 아닙니다. 레이건 대통령은 이 유머를 통해 자신은 잘 조는 사람이지만 국정 운영에는 차질이 없다는 점을 국민에게 안심시키기 위한 것이었겠죠."[7]

We can be assertive without sacrificing charm and humor. Humor especially can be very effective in taking the edge off being assertive. We can be a mot more challenging if we don't take ourselves too seriously. "Angels fly because they take themselves lightly," my mother used to remind us(매력과 유머를 잃지 않고도 적극적일 수 있다. 특히 유머는 적극적인 모습에 대한 거부감을 완화시킬 때 큰 효과를 발휘한다. 너무 진지하게 받아들이지 않아야 도전적으로 행동할 수 있기 때문이다. 그래서 엄마는 다음과 같이 일깨워주곤 했다. "천사는 자신의 무게를 가볍게 하기 때문에 날 수 있는 거란다").[8]

『허핑턴포스트』의 창립자이자 여성 기업가인 아리아나 허핑턴Arianna Huffington, 1950~이 『담대하라, 나는 자유다On Becoming Fearless』(2006)에서 한 말이다.

왜 정신분석은
우울증 환자를
비난하는가?

"슬픔sorrow이 지속된다면 그때는 우울증melancholia이다." 기원전 5세기 그리스 의사 히포크라테스Hippocrates, B.C.460~B.C.370의 말이다. 멜랑콜리아melancholia는 '검은 쓸개즙'을 뜻하는 그리스어에서 유래된 말로 depression(우울증)의 구식 표현이다. depression이라는 용어가 사용되기 시작한 것은 19세기 말부터이며, 현재 정신의학에선 멜랑콜리아를 우울증의 한 유형으로 분류하고 있다.[9]

경제가 우울 또는 암울해지면 어떻게 되는가? depression이 경제 분야에 쓰이면 '불경기, 불황'이 된다. 1929년에 시작된 사상 최대의 경제 공황은 Great Depression 또는 Depression of 1929라고 한다. depression이 이런 의미로 쓰인 건 이게 처음은 아니다. 1819년 미국에서 경제위기가 발생했을 때, 당시 대통령이었던 제임스 먼로James Monroe, 1758~1831가 이 위기를 가리켜 "a depression"

이라고 한 기록이 있다. a depression in trade는 '무역의 부진', industrial depression은 '산업의 부진', climb out of the depression은 '불경기 상태에서 벗어나다'는 뜻이다.[10]

Sigmund Freud(1856~1939) claimed that depression was anger turned against the self: The depressive disparages himself as worthless and wants to kill himself.……Year after year of psychoanalysis—the therapist-guided struggle to gain insight into the childhood origins of turning rage upon the self—is Freud's prescription for depression(지그문트 프로이트는 우울증이 자신에 대한 분노라고 주장했다. 우울증 환자는 자신을 쓸모없는 존재로 비난하면서 결국 자신을 죽이려 한다는 것이다.……수년에 걸친 정신분석, 곧 치료자의 지도 아래 자신을 향한 분노의 기원을 깨닫기 위한 투쟁이 프로이트의 우울증 처방이다).

For all its hold over the American (particularly the Manhattan) imagination, I have to say that this view is preposterous. It dooms its victim to years of one-way conversation about the murky, distant past in order to overcome a problem that usually would have gone away by itself in a matter of months(비록 프로이트의 이론이 미국인들, 특히 맨해튼 사람들의 상상력을 많이 자극한 것은 사실이지만, 나는 이것이 어처구니없는 이론이라고 생각한다. 그의 이론은 사람들로 하여금 멀고도 어두침침한 과거에 관해서 수년 동안 일면적인 대화를 나누도록 강요한다. 하지만 이런 대화를 통해 극복하고자 하는 문제란 대개 몇 달 지나면 자연히 사라지는 것이다).

Worse, it blames the victim. Psychoanalytic theory argues that because of character flaws, the victim brings depression upon himself. He 'wants' to be depressed. He is motivated by the drive for self-punishment to spend endless days in misery, and to do away with himself if he can. I do not mean this critique as a general indictment of Freudian thinking. Freud was a great liberator(더욱 심각한 문제는 정신분석이 우울증에 걸린 사람들을 비난한다는 점이다. 이 이론은 사람들이 성격적 결함 때문에 스스로 우울증에 빠진다고 주장한다. 사람들 스스로가 우울해지길 원하는 셈이다. 자기 처벌의 충돌에 사로잡혀 무수한 나날을 불행하게 보내면서, 할 수만 있다면 자신을 제거하려고 한다는 것이다. 그렇다고 해서 내가 프로이트의 사상을 통째로 비난하려는 것은 아니다. 프로이트는 위대한 해방의 사상가였다).[11]

이 세 단락으로 이루어진 이야기는 미국 펜실베이니아대학의 긍정심리학자 마틴 셀리그먼Martin E. P. Seligman, 1942~이 『낙관성 학습 Learned Optimism: How to Change Your Mind and Your Life』(1990)에서 한 것이다. 셀리그먼이 두 번째 단락의 글에서 '맨해튼'을 언급한 것은 미국 최초의 정신분석가 양성기관인 뉴욕정신분석연구소가 1931년 맨해튼에 세워졌기 때문이다.

Depression is like a woman in black. If she turns up, don't shoo her away. Invite her in, offer her a seat, treat her like a guest and listen to what she wants to say(우울증은 검은 옷을 입은 여인과 같다. 그녀가 나타나면 그녀를 멀리하지 마라. 차라리 그녀를 받아들여, 손님으로 대하고, 그녀가 하고자 하는 말을 듣도록 하자).[12] 스위스 정신의학자 칼 구스타프 융Carl Gustav Jung, 1875~1961의 말이다.

Each successive generation worldwide since the opening of the twentieth century has lived with a higher risk than their parents of suffering a major depression— not just sadness, but a paralyzing listlessness, dejection, and self—pity, and an overwhelming hopelessness-over the course of life(20세기 이후 지금 세대는 전 세계적으로 그들의 부모 세대보다 심각한 우울증-단순한 슬픔이 아니라 무기력함, 낙담, 자기연민, 압도적인 절망-에 시달릴 위험이 점점 더 커지고 있다).[13]

미국 심리학자 대니얼 골먼Daniel Goleman, 1946~이 『감성 지능 Emotional Intelligence: Why It Can Matter More Than IQ』(1995)에서 한 말이다. 이 책이 400만 부가 팔리고 30여 개국 언어로 번역되면서 '감성 지능' 개념이 전 세계적으로 유행하게 되었다. 실제 생활에서는 IQ가 중요하지 않으며 오히려 학업 성적과는 관계없는 EQEmotional Quotient가 더 중요하다는 게 핵심 메시지다.[14]

Depression caused by winter's dark days is called 'seasonal affective disorder', the apt and expressive acronym for which is SAD……Clinical depression—as opposed to the minor fluctuations of mood for which Dodie Smith bracingly recommends 'noble deeds and hot baths' as the best cures—is a serious illness, requiring careful and sympathetic treatment(어두운 겨울에 생기는 우울증은 '계절적 정서 장애'라고 불리는데, 마침 그 약자가 슬픔을 뜻하는 SAD라는 점에서 증세와 잘 어울린다.……도디 스미스는 우울증이 별 것 아니라는 듯 '고결한 행동과 온수 목욕'을 치료법으로 권하지만 사실 우울증은 일시적인 기분의 동요가 아니라 세심하고 효과적인 치료가 필요한 정식 질병이다).[15]

영국 철학자 A. C. 그레일링A. C. Grayling, 1949~이 『미덕과 악덕에 관한 철학사전The Meaning of Things: Applying Philosophy to Life』(2001)에서 한 말이다. 도디 스미스Dodie Smith, 1896~1990는 영국 작

가로 아동 소설 『101마리 달마시안The Hundred and One Dalmatians』
(1956)의 저자다. bracing은 '기운을 북돋우는, 힘나게 하는, 기분을
상쾌하게 하는'이란 뜻이다. This mountain air is bracing(이 산의
공기는 상쾌하다).

Sadly, South Korea has maximized the worst
aspects of Confucianism—shame and judgment—
while abandoning closeness to family and community.
Meanwhile, they have emphasized the worst aspects of
capitalism—flamboyant materialism and an obsession
with making money—while ignoring the best aspects—

self-expression and individualism. These conflicting values led to tremendous stress and despair(불행히도 한국은 유교의 가장 나쁜 부분인 수치심과 남을 판단하는 것을 극대화한 반면, 장점인 가족이나 지역 사회와의 친밀감을 저버렸다. 자본주의의 최악의 단면인 현란한 물질주의와 돈벌이에 대한 집착을 강조하지만, 가장 좋은 부분인 자기 표현과 개인주의는 무시했다. 이런 상충되는 가치관이 엄청난 스트레스와 절망으로 이어진 것이다).[16]

　　미국 작가 마크 맨슨Mark Manson, 1984~이 2024년 1월 22일 자신의 유튜브에 올린 한국 여행기 '세계에서 가장 우울한 나라를 여행하다I traveled to the Most Depressed Country in the World'라는 영상에서 세계 최고 수준을 기록한 한국 사회의 우울증depression에 대해 한 말이다. 이 여행기는 일주일 만에 조회수 60만 회를 넘는 등 화제가 되었다.

optimism

인류의 성공은
낙관주의 때문에
가능했다

Optimist: A proponent of the doctrine that black is white(낙관주의자는 흑을 백이라고 주장하는 사람이다).[17] 미국 작가 앰브로즈 비어스Ambrose Bierce, 1842~1914가 『악마의 사전』(1906)에서 한 말이다. 그는 낙관주의에 대해선 다음과 같은 정의를 내렸다.

Optimism: The doctrine, or belief that everything is beautiful, including what is ugly, everything good, especially the bad, and everything right that is wrong. It is held with greatest tenacity by those most accustomed to the mischance of falling into adversity, and is most acceptably expounded with the grin that apes a smile. Being a blind faith, it is inaccessible to the light of disproof—an intellectual disorder, yielding to no treatment but death. It is hereditary, but fortunately not contagious(낙관주의는 추한 것까지 포함하여 세상의 온갖 것을 아름답게 보며, 나쁜 것도 좋게 보고 옳지 않은 것도 모두 바르다는 주의 또는 신념이다. 이러한 생각을 가진 자들 중에서도 가장 집요한 골수분자는 역경에 빠지는 불행을 수없이 겪은 자들이다. 그들은 억지로 쓴웃음을 지으며 대견한 듯 낙관주의의 보람을 늘어놓는다. 이는 맹목적인 신앙이기 때문에 그 잘못을 깨우쳐줄 수도 없고 반박을 해봤자 씨가 먹히지 않는다. 즉 일종의 지적 착란이므로 아무런 치료법도 없으며, 결국 이 병은 죽어서나 고쳐진다. 유전성이나 다행스럽게도 남에게 전염되지는 않는다).[18]

Optimism is pleasant so long as it is credible, but when it is not, it is intensely irritating. Especially irritating is the optimism about our own troubles which is displayed by those who do not have to share them. Optimism about other people's troubles is a very risky business unless it goes with quite concrete proposals as to how to make the troubles disappear or grow less(낙관주의는 신뢰할 수 있을 때는 유쾌하지만 신뢰하기 어려울 때는 엄청나게 짜증스럽다. 특히 짜증스러운 것은, 우리처럼 불행하지 않아도 되는 자들이 우리의 불행에 대해 과시하는 낙관주의이다. 타인들의 불행을 두고 낙관하는 것은, 그 불행을 어떻게 없앨 것인가 혹은 좀더 줄일 것인가에서 아주 구체적인 제안이 병행되지 않는 한 대단히 위험스러운 짓이다).[19]

영국 철학자 버트런드 러셀Bertrand Russell, 1872~1970이 1932년에 발표한 「On Optimism(낙관주의에 관하여)」이라는 글에서 한 말이다.

The pessimist sees difficulty in every opportunity, an optimist sees the opportunity in every difficulty(비관주의자는 모든 기회에서 역경을 보고, 낙관주의자는 모든 역경에서 기회를 본다).[20] 영국 정치가 윈스턴 처칠Winston Churchill, 1874~1965의 말이다.

My knowledge is pessimistic, but my willing and hoping are optimistic(나의 지식은 비관적이지만, 나의 의지와 희망은 낙관적이다). 독일계의 프랑스 의사이자 사상가인 알베르트 슈바이처 Albert Schweitzer, 1875~1965의 말이다. 이 말은 진지하지만 그의 다음 말은 개그에 가깝다. "낙관주의자는 어디서나 푸른 신호등을 보고, 비관주의자는 빨간 신호등만 본다. 참으로 지혜로운 사람은 색맹이다."[21]

The optimism begins with despair. To expect nothing, to know that he has no right, and to act alone for the well-being of all things, knowing that there is nothing to be given to him after all. That is optimism(절망과 함께 낙관주의가 시작된다. 아무것도 기대하지 않고, 그가 아무런 권리가 없다는 것을 알며, 그에게 주어질 것은 결국 아무것도 없다는 것을 알면서도 오직 자기 자신을 믿으며 홀로 모든 것의 안녕을 위해 행동하는 것. 그것이 낙관주의다).[22] 프랑스 실존주의 철학

자 장 폴 사르트르Jean-Paul Sartre, 1905~1980의 말이다.

Optimism is essential to achievement and it is also the foundation of courage and true progress(낙관적인 태도 는 목표 달성에 필수불가결한 요소이며, 용기와 진정한 발전의 토대다).[23] 미국 작가 로이드 알렉산더Lloyd Alexander, 1924~2007의 말이다.

Optimists are normally cheerful and happy, and therefore popular. They are resilient in adapting to failures and hardships, their chances of clinical depression are reduced(낙관주의자는 현재에 만족할 줄 알고 유쾌하 기 때문에 늘 사랑받는다. 그들은 실패나 궁지에 몰렸을 때도 상황을 잘 극복 하고 우울증에 걸릴 확률도 낮다).[24] 미국 심리학자 대니얼 카너먼Daniel Kahneman, 1934~2024의 말이다. 그는 심리학자임에도 "심리학에서의 통찰을 경제학에 적용함으로써 연구 분야에 새로운 지평을 열었다"

는 이유로 2002년 노벨경제학상을 받았다.

In his acute, speculative book [Optimism: The Biology of Hope] Lionel Tiger argues that the human species has been selected by evolution because of its optimistic illusions about reality. How else could a species have evolved that plants seeds in April and holds on through drought and famine until October, that stands up alone before charging mastodons and waves small sticks, that commences to build cathedrals that will take several lifetimes to complete? The capacity to act on the hope that reality will turn out better than it usually does is behind such courageous, or foolhardy, behavior(라이오 넬 타이거는 『낙관주의: 희망의 생물학』에서 예리하게 추론하기를 인간이라는 종이 진화 가능한 까닭은 현실에 관한 낙관적 환상 때문이라고 했다. 그런 환 상이 없었다면 4월에 씨를 뿌려 가뭄과 기근을 무릅쓰며 10월까지 버틴다거 나, 격앙된 매머드에 홀로 맞서 작은 막대기를 흔들어 댄다거나, 몇 세대를 거쳐 야 비로소 완성될 대성당을 짓기 시작하는 등의 무모한 행동을 하는 인간이 어 떻게 진화할 수 있었겠는가? 이처럼 무모할 정도로 용감한 행동 뒤에는 현실이 평소보다 더 나아질 것이라는 희망에 근거해 행동할 줄 아는 능력이 숨겨져 있 다).[25]

미국 펜실베이니아대학의 긍정심리학자 마틴 셀리그먼Martin E. P. Seligman, 1942~이 『낙관성 학습Learned Optimism: How to Change Your Mind and Your Life』(1990)에서 한 말이다. 라이오넬 타이거Lionel Tiger, 1937~는 캐나다계 미국인 인류학자로 1979년에 『낙관주의: 희

망의 생물학』을 출간했다. speculative는 "이론적인, 사색적인, 사변적인, 투기적인, 모험적인"이란 뜻이다. 마스토돈mastodon은 코끼리와 그 이전의 매머드mammoth와 비슷해 보이지만 코끼리과에 속하는 이들과는 달리 마스토돈은 더 원시적 계통에 속하는 종의 동물이다.[26]

education

왜 아이들을 위한
교육은
현실을 감추는가?

'Education' etymologically means 'leading out' or 'bringing out', an idea which owes itself to an improbable but long-influential theory put forward by Plato(교육이라는 영어 단어의 어원은 '빼내고 끌어올리다'의 뜻이다. 이러한 교육의 관념은 플라톤이 제기한 이론에서 나온 것이다. 그의 이론을 진리로 받아들이기는 어렵지만 그것은 오랜 세월 영향력을 발휘했다).

He believed that we have pre-existing immortal souls which know all things in their disembodied state, but which we forget at birth. On Plato's theory, learning is thus remembering; schooling is the activity of bringing out what is immemorially lodged in our minds(그에 따르면 인간은 원래 모든 사물을 개별적으로 파악하는 영원불멸의 영혼을 가지고 있는데

태어나면서 그 능력을 잊는다고 한다. 그러므로 학습이란 기억이며, 교육은 우리 마음속에 오래전부터 머물러 있던 것을 끄집어내는 행위라고 플라톤은 말한다).

The theory was modified in more sensible directions by later thinkers, who saw education as the evocation of talents and capabilities implicit in the individual, rather than innate knowledge(그의 이론을 그럴듯하게 다듬은 후대의 사상가들은 교육을 타고난 지식이라기보다는 개인의 잠재된 재능과 능력을 불러내는 것으로 간주했다).

이 세 단락으로 이루어진 이야기는 영국 철학자 A. C. 그레일링 A. C. Grayling, 1949~이 『미덕과 악덕에 관한 철학 사전The Meaning of Things: Applying Philosophy to Life』(2001)에서 한 것이다. disembody는 '(영혼·정신 따위를) 육체에서 분리(이탈)시키다', a disembodied soul은 '육체를 떠난 영혼', evocation은 '(영혼의) 불러냄, 초혼招魂, (기억 등의) 환기'를 뜻한다.

One of the firmest beliefs of parents, law-givers, and teachers in many nursery schools is that children should be preserved from all contact with crude fact and should have everything presented to them in a pretty-pretty, fanciful form(아이들이 거친 현실을 접하지 않게끔 지켜야 하며, 무엇이든 멋지고 환상적 형태로 제시해야 한다는 것이 부모와 입법가, 각종 보육교사들의 가장 확고한 믿음 중의 하나다).

In grave matters, there is the same error: historical characters are portrayed as wholly virtuous unless they

are recognised villains. It is not thought good for the young to know that great men have their weaknesses or that great causes have always had their bad sides(더 중대한 사안들에서도 똑같은 실수가 반복되어, 역사 속 인물들은 악당 아니면 철저하게 훌륭한 사람으로 묘사된다. 위대한 사람들도 약점을 가졌고 위대한 대의들도 항상 나쁜 측면들이 있었다는 사실을 아이들이 아는 것은 좋지 않다고 여겨진다).

The habit of screening children from the knowledge of disagreeable truths is not adopted for their sakes although adults may think it is; it is adopted because adults themselves find candour painful(불유쾌한 진실들을 알지 못하도록 차단시켜주는 습관은 아이들을 위한 것이라고 어른들은 생각하지만

사실은 어른들 자신이 솔직한 것을 괴로운 것으로 생각하기 때문에 채택되는 것뿐이다).

One of the worst defects of modern education is its indifference to reality. I do not mean by 'reality' anything profound or metaphysical; I mean merely plain matters of fact. The habit of shying away in terror from every unpleasant feature of the world is a dangerous one and is the mark of a certain frivolous weakness(현대교육의 가장 나쁜 결점 중 하나는 현실에 무관심하다는 것이다. 내 얘기는 무슨 심오하거나 형이상학적인 '현실'을 말하는 게 아니라 그저 사실 그 자체로서의 현실을 말한다. 세상의 유쾌하지 못한 측면들에 겁을 집어먹고 피하기만 하는 것은 위험한 습관일 뿐 아니라 경박하고 허약하다는 표시다).[27]

이 네 단락으로 이루어진 이야기는 영국 철학자 버트런드 러셀Bertrand Russell, 1872~1970이 1932년에 발표한 「On Protecting Children from Reality(현실을 숨기는 교육에 관하여)」라는 글에서 한 것이다. pretty-pretty는 '치장이 지나친, 너무 꾸며댄, 맵시만 내는, 그림처럼 예쁘기만 한'이란 뜻이다. 명사로 쓰이면 '싸구려 장식물knickknack'이다.

It is a miracle that curiosity survives formal education(정규 교육에서 호기심이 살아남는 건 기적이다).[28] 세계적인 물리학자 앨버트 아인슈타인Albert Einstein, 1879~1955의 말이다.

Is is much easier for society to change

education than for education to change society(교육이 사회를 변화시키는 것보다 사회가 교육을 변화시키는 것이 훨씬 더 쉽다).[29] 독일 심리학자 쿠르트 레빈Kurt Lewin, 1890~1947의 말이다.

It must be remembered that the purpose of education is not to fill the minds of students with facts.······it is to teach them to think(교육의 목적은 학생들 머리에 지식을 채워주는 게 아니라 그들이 사고思考하게 가르치는 것임을 잊어선 안 된다).[30] 미국의 교육철학자 로버트 메이나드 허친스Robert Maynard Hutchins, 1899~1977의 말이다.

You have given us nothing but pride and pleasure.······It doesn't matter what color you are. It doesn't matter what your ethnicity is.······Luci, if you don't have an opportunity to take advantage of all the education you can, you'll never be your best(너는 우리 부부에게 자부심이자 기쁨이야.……이제 이 나라에서는 피부색이나 인종에 상관없이 법적 평등을 보장받을 수 있게 됐지.……루시, 모든 교육의 기회를 누리지 못한다면 너는 최고의 실력을 발휘할 수 없단다).[31]

미국 제36대 대통령 린든 존슨Lyndon B. Johnson, 1908~1973이 미국 현대사에 가장 중요한 법인 민권법The Civil Rights Act 서명식 날인 1964년 7월 2일이 둘째 딸 루시의 17세 생일이기도 해 백악관 메모지에 쓴 편지 내용이다. 존슨은 이듬해 민권법보다 진일보한 투표권법Voting Rights Act을 서명할 때는 아예 딸 루시가 서명식에 직접 참석해 역사의 현장을 지켜보도록 했다.

If you're having fun, you're learning(재미있게 배워야 진짜배우는 것이지). 미국 영화 〈마틸다Matilda〉(1997)의 깜찍하고 총명한 주인공 소녀 마틸다가 책을 백해무익하다고 여기는 부모와 "재미있으면 배우는 게 아냐"라고 외치는 교장 선생에 대항해 외친 말이다.[32]

구글의 창업 이념은 몬테소리 교육인가?

There is a part of a child's soul that has always been unknown but which must be known. With a spirit of sacrifice and enthusiasm we must go in search, like those who travel to foreign lands and tear up mountains in their search for hidden gold(아이의 영혼에는 알려져 있지 않지만 반드시 알아야 할 부분이 있다. 황금을 찾아 낯선 땅에서 온 산을 헤치는 탐험가들처럼, 우리도 희생적이고 열성적으로 아이들 속에 숨겨진 황금을 찾아야 한다).

We do not want children who simply obey and are there without interest, but we want to help them in their mental and emotional growth. Therefore, we should not try to give small ideas, but great ones, so that they not only receive them but ask for more(우리는 아이들이 순종적이고

매사에 무관심하기를 원치 않는다. 우리는 아이들이 정서적으로 성장하는 것을 돕고 싶다. 따라서 아이들이 작게 생각하기보다는 크게 생각하도록 도와야 한다. 그래서 아이들이 단지 큰 생각을 받아들이는 것을 넘어 더 많이 요구하게 해야 한다).[33]

이 두 단락으로 이루어진 이야기는 1920년대에 '몬테소리 교육법'을 개발한 이탈리아 의사 마리아 몬테소리Maria Montessori, 1870~1952의 것이다. 구글의 공동 창업자인 래리 페이지Larry Page, 1973~와 세르게이 브린Sergey Brin, 1973~은 몬테소리 교육을 하는 몬테소리초등학교를 다녔는데, 이때 받은 교육이 그들의 창업과 삶에 큰 영향을 미친 것으로 알려져 있다. 구글의 창업 이념은 몬테소리 교육 정신과 무관치 않다며 자주 거론되는 이야기다.

In the advertising industry, the phrases "reaching children" and "communication with kids" are euphemisms for marketing to children(광고업계에서 '어린이들과 접촉하다'는 문구와 '어린이들과 의사소통한다'는 문구는 어린이 대상 마케팅 활동을 의미한다).[34] 미국의 어린이 보호 운동가 수전 린Susan Linn, 1948~이 『TV 광고 아이들: 우리 아이들을 위협하는 키즈 마케팅Consuming Kids: The Hostile Takeover of Childhood』(2004)에서 한 말이다. 그는 이 책을 다음과 같은 호소로 끝맺었다.

Children are so assaulted by marketing that it has

reached a point where parents can no longer cope with it alone. In the process of being unprotected in the marketplace, children themselves are commodities sold as audiences to corporations.······Let's stop marketing to children. It's not just that our kids are consuming. They are being consumed(어린이 대상 마케팅 활동이 워낙 격렬하게 이루어지고 있기 때문에 이제 부모들의 힘만으로는 문제를 해결할 수 없는 수준에 이르렀다. 시장에서 아무런 보호를 받지 못하는 어린이들은 이제 기업들에게 청중이라는 이름으로 팔리는 상품이 되었다.······어린이 대상 마케팅을 중단시키자. 우리 아이들은 단순히 물건을 소비하고 있는 것이 아니라, 소비당하고 있다).[35]

The "inner child" movement tells us that the traumas of childhood, not our own bad decisions or want of character, causes the mess we find ourselves in as adults, and we can recover from our "victimization" only by coming to grips with those early traumas('자기 안의 아이inner child' 치료법이란, 성인이 되어서도 자기 정체성을 형성하지 못한 채 혼란스러워하는 것은 스스로 내린 판단이 잘못되었다거나 인격 부족 때문이 아니라 어린 시절에 받은 마음의 상처에서 비롯된 것이므로, 어린 시절 마음의 상처trauma를 고스란히 안고 있는 과거의 자신을 깨끗이 치유해야 한다는 것이다. 그럴 때에야 비로소 '자기 학대'에서 벗어날 수 있다는 것이다).

맞는 주장인가? 미국 펜실베이니아대학의 긍정심리학자 마틴 셀리그먼Martin E. P. Seligman, 1942~은 『긍정심리학Authentic Happiness』(2004)에서 이 주장을 다음과 같이 비판했다.

I think that the events of childhood are overrated;

INNER CHILD

in fact, I think past history in general is overrated. It has turned out to be difficult to find even small effects of childhood events on adult personality, and there is no evidence at all of large—to say nothing of determining—effects(내 생각에 이런 치료법은 어린 시절의 사건을 지나치게 과대평가하고 있다. 솔직히 나는 과거의 역사가 전반적으로 과대평가되는 경향이 있다고 생각한다. 어린 시절의 사건들이 훗날의 성격 형성에 적게나마 영향을 미친다고 보기 힘들다는 사실이 밝혀졌으며, 실제로 결정적인 영향을 미친다는 주장을 뒷받침하는 설득력 있는 증거도 전혀 없다).[36]

When people are asked how much they enjoy spending time with their kids they think of all the nice things—reading them a story or going to the zoo. But they don't take the other times into account, the times when they are trying to do something else and find the kids distracting(사람들에게 자녀들과 보내는 시간을 즐기느냐고 물어보

면 그들은 동화책을 읽어주거나 동물원에 데리고 가는 것처럼 좋은 일만 생각한다. 하지만 실제로 다른 일을 할 때는 아이들이 방해가 된다).

미국 심리학자 노버트 슈워츠Norbert Schwartz가 관련 연구 결과 내린 결론이다. 미국 하버드대학의 긍정심리학 강사 탈 벤-샤하르Tal Ben-Shahar, 1970~는 『해피어: 하버드대 행복학 강의Happier: Learn the Secrets to Daily Joy and Lasting Fulfillment』(2007)에서 이 연구 결과를 소개하면서 다음과 같이 논평했다.

The most unexpected finding was that, on aggregate, mothers did not particularly enjoy the time they spent taking care of their children(가장 뜻밖의 사실은 많은 어머니들이 자녀를 돌보는 시간을 특별히 즐겁게 여기지는 않는다고 보고한 것이다).[37]

Damn, she makes me eat this healthy stuff all the time(제기랄, 매일 나한테 이런 건강식을 먹게 하네). 미국 가정의 식탁

에서 자주 벌어지는 Food Fight(음식 싸움)의 한 장면이다. 이는 미국 대통령 조 바이든Joe Biden, 1942~이 2021년 여동생을 백악관 식사에 초대한 자리에서 부인인 질 바이든 Jill Biden, 1951~이 건강식 연어 구이와 채소를 식탁에 올리자

터뜨린 불평이다. 'stuff(스터프)'는 '것들'이라는 뜻인데, 'healthy stuff'는 건강식의 이름조차 관심이 없다는 의미다. 아이스크림, 피자 등을 즐기는 바이든의 '초딩 입맛'을 가리켜 'childlike diet(아이 같은 다이어트)'라고 한다. '다이어트'는 한국에서 살을 빼기 위한 식사 조절을 의미하지만, 원래는 식습관 자체를 말한다.[38]

It's this childlike marvel and awe that inspired this year's holiday theme: the Magic, Wonder, and Joy of the season(올해 크리스마스 주제는 어린이다운 경탄과 경외심을 보여주는 마법, 경이, 기쁨입니다). 2023년 11월 27일 미국 대통령 부인인 질 바이든Jill Biden, 1951~이 백악관의 크리스마스 장식을 공개하는 행사에서 한 말이다. 'childlike'는 'innocent(순진무구한)'라는 뜻이다. 'childish'는 'immature(유치한)'라는 뜻이므로, 둘을 엄격히 구분해서 써야 한다. 마찬가지로 'babylike face(아기 천사 같은 얼굴)'와 'babyish behavior(아기처럼 칭얼거리는 행동)'의 차이도 확실히 알아두는 게 좋겠다.[39]

제3장

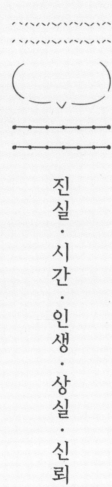

진실 · 시간 · 인생 · 상실 · 신뢰

완전한
진실이란
없다

When regard for truth has been broken down or even slightly weakened, all things will remain doubtful(진실에 대한 관심이 사라지거나 조금이라도 약해지면, 모든 것이 의심스러운 상태로 남게 될 것이다).[1] 초기 기독교 교회의 대표적인 교부敎父이자 사상가인 아우구스티누스Augustinus, 354~430의 말이다.

The truth is always in our nearest place. It's just that people didn't pay attention to it. You must always find the truth. The truth is always waiting for us(진실은 언제나 우리의 가장 가까운 곳에 있다. 다만 사람들이 그것에 주의하지 않았을 뿐이다. 항상 진실을 찾아야 한다. 진실은 우리를 늘 기다리고 있다).[2] 프랑스 사상가 블레즈 파스칼Blaise Pascal, 1623~1662의 말이다.

The search for truth begins with the doubt of all

'truths' in which one has previously believed(진실에 대한 탐구는 그전까지 '진실'이라고 믿던 모든 것에 대한 의심으로부터 시작된다).[3] 독일 철학자 프리드리히 빌헬름 니체 Friedrich Wilhelm Nietzsche, 1844~1900 의 말이다.

There are no whole truths; all truths are half-truths. It is trying to treat them as whole truths that plays the devil(완전한 진실이란 없다. 모든 진실은 절반의 진실이다. 그것들을 완전한 진실로 다루려는 시도야말로 야단법석을 떠는 것이다).[4] 영국 수학자이자 철학자인 알프레드 노스 화이트헤드Alfred North Whitehead, 1861~1947의 말이다.

Truth darkens the eyes like light. Conversely, falsehood makes everything look beautiful, like a beautiful sunset(때로는 진실은 빛과 같이 눈을 어둡게 한다. 반대로 거짓은 아름다운 저녁노을과 같이 모든 것을 아름다워 보이게 한다).[5] 프랑스 작가 알베르 카뮈Albert Camus, 1913~1960의 말이다.

I came here to tell you the truth, the good, the bad, the ugly(나는 좋고 나쁘고 추한 진실을 말하기 위해 여기에 왔다). 이란-콘트라 스캔들은 로널드 레이건 행정부가 적성국 이란에 몰래 무기를 팔고, 그 대금으로 니카라과의 좌파 정부 전복을 위해 우익 콘트라 반군을 돕다가 발각된 사건이다. 이 스캔들의 실무 책임자인 해병 중령

올리버 노스Oliver North, 1943~는 1987년 상하원 합동 청문회에 출석해 서부 영화 〈the Good, the Bad, the Ugly〉(한국명 '석양의 무법자')를 거론하며 이와 같이 말했다. 이란-콘트라 사건은 추악한 범죄 행위지만 애국심에서 벌인 일이라는 뜻이었다.[6]

노스는 텔레비전으로 중계된 의회 증언을 통해 대통령 로널드 레이건Ronald Reagan, 1911~2004의 관련 여부를 밝히기는커녕, '애국'을 팔며 자신의 불법행위를 정당화시키는 발언으로 일관했다. 미국의 안보를 위해 열정을 바쳐온 자신과 같은 애국자가 왜 이런 죄인 취급을 받아야 하느냐는, 항의조의 의회 진술로 노스는 하루아침에 영웅으로 떠올랐다. 영웅에 굶주린 나라 미국에서만 있을 수 있는 진기한 현상이었다.

왼쪽 가슴에 온갖 종류의 훈장과 문장으로 빛나는 말끔한 군복을 입고 진지하고 소박한 표정으로 이야기하는 노스에게서 시청자들은 진실성과 솔직함을 읽고 있었다. 텔레비전은 노스의 증언 도중 사

랑스러운 눈길로 남편을 지켜보는 부인 베치 노스Batch North의 모습을 자주 보여주었으며, 이는 평소 가족적 개인주의 미덕을 중히 여기는 미국인들을 감동시켰다. 텔레비전 시청자들에게 중요한 것은 노스가 '무엇'을 말하느냐가 아니라 '어떻게' 말하느냐였던 것이다. 진실이 이미지에 압도된 사건이었다.[7]

　　moment of truth는 "(중요한 사태에 직면해 모든 것이 시험에 놓이게 된) 결정적 순간"을 뜻한다. 스페인의 투우鬪牛에서 나온 말이다. 투우사鬪牛士, matador가 투우와 한동안 밀고 당기는 싸움을 하다가 칼을 뽑아 소의 급소를 찌르는 순간을 가리켜 el momento de la verdad(the moment of truth)라고 한다. 대부분 소가 죽긴 하지만, 투우에서 소가 죽는지 사람이 죽는지 그 죽음의 진실이 가려지는 순간이라는 뜻에서다. 1932년 어니스트 헤밍웨이Ernest Hemingway,

1899~1961가 『오후의 죽음Death in the Afternoon』에서 최초로 사용해 영어에 편입되었다.[8]

광고계에선 소비자에게 기업이나 제품의 첫인상을 심어주는 순간을 말하는 광고 용어로 쓴다. 아예 MOTMoment of Truth로 줄여서 쓰기도 한다.[9] 더 나아가 소비자가 구매를 결정하는 순간이란 뜻으로도 쓰는데, 구글은 그런 구매 결정 이전에 검색을 통해 먼저 판단한다고 주장하면서, 진실의 순간 이전에 진실이 결정된다는 의미로 이를 ZMOTZero Moment Of Truth라 부른다.[10] 마케팅 분야에서 moment of truth를 활용한 건 1987년 스웨덴 기업가 얀 칼슨Jan Carlzon, 1941~의 『Moments of Truth』란 책이 발간된 이후부터다. 이 책에 따르면 해당 기업 서비스의 품질에 대한 소비자의 인식은 단 15초 이내에 결정된다.[11]

〈The Moment of Truth〉는 미국 폭스TV가 2008년 1월 23일에서 2009년 8월 8일까지 방영한 프로그램으로, 출연자가 질문 21개에 답해 거짓말 탐지기에 의해 진실로 판명될 경우 50만 달러를 받는다. 한국 케이블방송 QTV에서 2009~2010년에 방영된 한국판은 상금이 1억 원으로 김구라가 진행을 맡았다. 이 프로그램에 대해 문강형준은 "내가 본 열 편가량의 방송분에서 2,000만 원 이상을 넘긴 사람은 없었다. 왜 그럴까?"라면서 다음과 같이 말했다.

"'수치심'을 견딜 수 없기 때문이다. 이 게임의 구조는 정확히 자신의 수치심을 돈과 교환하는 데 있다. 그래서 판돈이 커질수록 수치심을 자극하는 강도도 커진다. 불륜, 부도덕, 성적 상상, 부모와 애인에 관한 생각 등으로 질문이 깊어질수록 출연자들의 얼굴은 붉어지고, 이 모습을 지켜보는 출연자의 부모, 애인, 친구의 얼굴 또한 일

그러진다.……이 프로그램은 자본주의 그 자체의 힘을 보여준다. 양심도, 법도, 가족도, 애인도 모르게 하던 일을 돈은 만천하에 드러나게 할 수 있는 것이다. 오직 신 앞에서만 가능하던 일이 이 시대에는 돈 앞에서 가능해진다. 자본 앞에서 하는 고해성사."[12]

    truth serum이란 게 있다. 신경증 환자의 치료나 범죄자 조사에서 억눌린 생각이나 감정을 드러내게 하는 최면제로서 '자백약'이라고도 한다. 사람이 정직하게 질문에 답하는 상태를 유도할 수 있다는 이유에서다. 그렇게 추정할 뿐, 상상에 기반한 감정과 생각들을 실제 기억인 양 불러내기 쉬워서 사실과 허구를 구분해내기가 매우 어렵다는 명백한 한계가 있다.[13]

    truth serum의 그런 한계는 진실을 밝혀내는 것이 의학적으로도 쉬운 일이 아니라는 걸 말해주는 게 아닐까? 그 어떤 진실이 제시되었다 해도 그것이 '완전한 진실'이냐 하는 건 별개의 문제다. "완전한 진실이란 없다"는 영국 수학자이자 철학자인 알프레드 노스 화이트헤드Alfred North Whitehead, 1861~1947의 말을 믿어야 하는 게 아닌지 모르겠다. 게다가 디지털 혁명은 진실의 판별을 더욱 어렵게 만들어 급기야 post-truth(탈진실)니 truthiness(진실스러움)이니 하는 이상한 말까지 생겨나게 만들었다. 이제 정녕 진실에 안녕을 고해야 하는 건가?

시간은
가장 위대한
개혁가다

Time is the soul of this world(시간은 세계의 영혼이다).[14] 고대 그리스 철학자 피타고라스 Pythagoras, B.C.570~B.C.495의 말이다.

Humans always act as if there is an infinite amount of time, complaining that they are running out of time(인간은 항상 시간이 모자란다고 불평하면서 마치 시간이 무한정 있는 것처럼 행동한다).[15] 고대 로마의 스토아학파 철학자 세네카 Seneca, B.C.4~A.D.65의 말이다.

PYTHAGORAS.

Never will I subject myself to the hours; the hours are made for man and not man for the hours(나는 결코 시간에 종속되지 않겠다. 인간을 위한 시간이지 시간을 위한 인간인 것은 아니다). 프랑스 작가 프랑수아 라블레François Rabelais, 1494~1553의 말이다. 그가 hours라는 말을 쓴 것은 hour가 그 당시 사람들이 막 의식하기 시작했던 시간time의 단위였기 때문이다. 그는 시간에 얽매이지 않는 자유로운 삶을 즐기겠다는 뜻을 다음과 같이 표현하기도 했다. I treat mine like stirrups, which I shorten or lengthen as I please(나는 내 시간은 말 발걸이처럼 취급해서 내 마음대로 늘였다 줄였다 한다).[16]

Time is the greatest innovator(시간은 가장 위대한 개혁가다).[17] 영국 철학자 프랜시스 베이컨Francis Bacon, 1561~1626이 『개혁론 Of Innovations』(1625)에서 한 말이다. "시간은 최상의 카운슬러다"고 한 그리스 역사가 플루타크Plutarch, 46~120의 말을 발전시킨 것으로 보아도 되겠다. 프랜시스 베이컨은 "시간을 선택하는 것은 시간을 절약하는 것이다"는 말도 남겼다. 그런데 왜 시간이 가장 위대한 개혁가라는 건가?

개혁은 이성만으론 되지 않는다. 감성의 문제이기도 하다. 세네카는 "시간은 이성이 못하는 것을 해준다"고 했는데, 그 이유가 무엇일까? 여러 이유가 있겠지만, 무엇보다도 개혁에 반대했던 사람들이 시간이 흐르면서 죽게 된다는 점에서 그렇지 않을까? 너무 많이 오남용되어 이제는 식상한 점이 있긴 하지만, 그런 점에서 '세대교체'는 꼭 필요한 것인지도 모른다.

"세월이 약이겠지요"라는 유행가 가사도 개혁과 무관치 않다.

개인의 고통과 슬픔을 세월이 어 느 정도나마 해결해준다면, 그 이 상 가는 개혁이 어디에 있겠는가? 프랑스 사상가 블레즈 파스칼Blaise Pascal, 1623~1662은 이렇게 말했다. Time also subsides grief and strife. Because we don't stay the same human being, we change constantly(시간은 슬픔과 다툼도 가라앉힌다. 왜냐하면 우리는 같 은 인간으로 머무르지 않고 끊임없이 변 화하기 때문이다).[18]

Time is the coin of your life. You spend it. Do not allow others to spend it for you(시간은 인생의 동전이다. 당신이 써야 한다. 남들이 당신의 시간을 써버리게 하지 마라).[19] 미국 시인 칼 샌드 버그Carl Sandburg, 1878~1967의 말이다.

Time is our most valuable asset, yet we tend to waste it, kill it, and spend it rather than invest it(시간은 우리의 무 엇보다 소중한 자산이다. 그럼에도 우리는 시간을 투자하기보다는 낭비하 고 죽이고 흘려보내는 경향이 있다).[20] 미국 기업가이자 작가 짐 론Jim Rohn, 1930~2009의 말이다. 그는 시간을 주로 누구와 보내느냐도 중 요하다며 다음과 같이 말했다. You are the average of the five people you spend the most time with(당신은 당신이 가장 많은 시간을 함께 보내는 5명의 평균치다).[21]

Your time is limited, so don't waste it living someone else's life(당신의 시간은 유한하다. 그러니 다른 누군가의 삶을 대신 사느라 시간을 낭비하지 마라).[22] 애플 창업자 스티브 잡스Steve Jobs, 1955~2011의 말이다.

When I was thirty-four, I spent months helplessly watching my younger sister die of cancer. For the first time, I clung to each precious minute like a rare jewel.······ The Greeks called that kind of time 'kairos'. When we live by the clock, the Greeks said, we are bound by 'chronos' time.······Kairos is the time of the 'right moment', the eternal now, when time is not a number on a dial but the enormity of the experience inside it(34세 때 나는 여동생이 암으

로 죽어가는 모습을 속수무책으로 바라보면서 몇 달을 보냈다. 그때 나는 생전 처음으로 시간에 집착했다. 1분 1초가 다 희귀한 보석 같았다.……[시간을 두 가지 단어로 표현하던] 고대 그리스인들은 그런 시간을 '카이로스'라 불렀다. 그들의 시각으로 본다면 시계에 의존해서 생활하는 사람들은 '크로노스'라는 객관적 시간에 묶여 있는 것이다.……카이로스는 '특별한 순간'의 시간, 영원한 현재의 시간이다. 그럴 때 시간은 눈금판의 숫자가 아니라 그 안에서 하는 경험의 크기로 환산된다).[23]

미국 언론인 브리짓 슐트Brigid Schulte, 1962~가 『타임 푸어 Overwhelmed: How to Work, Love, and Play When No One Has the Time』 (2014)에서 한 말이다. 다시 설명하자면, 크로노스Chronos는 일정한 속도와 방향으로 흘러가는 물리적 시간으로 누구에게나 동일한 절대적 시간이지만, 카이로스Kairos는 주관적 느낌에 따라 사람마다 다르게 흘러가는 상대적 시간이다. 사건의 발생 순서에 따른 시간적 배열을 의미하는 연대순chronology라는 표현이 크로노스에서 유래한 것인데, chronology를 떠올리면 크로노스와 카이로스를 쉽게 구별할 수 있겠다.[24]

A wine connoisseur does not chug the entire glass of wine in one gulp; to fully enjoy the richness of the drink, she smells, she tastes, she savors, she takes her time. To become a life connoisseur, to enjoy the richness that life has to offer, we, too, need to take our time(와인 감식가는 한번에 잔을 비우지 않는다. 풍부한 맛을 충분히 즐기기 위해 향기를 맡고 맛을 보고 음미하면서 시간을 갖는다. 인생의 감식가가 되기 위해서는 삶이 주는 풍요로움을 즐기는 시간 여유가 필요하다).[25]

미국 하버드대학의 긍정심리학 강사 탈 벤-샤하르Tal Ben-Shahar, 1970~가 『해피어: 하버드대 행복학 강의』(2007)에서 한 말이다. chug 은 '(음료를) 단숨에 들이켜다, (엔진이) 통통[칙칙] 하는 소리를 내다', gulp는 '꿀꺽꿀꺽 삼키다, 벌컥벌컥 마시다, (특히 공포·놀라움에 질려) 침을 꿀떡 삼키다, 꿀꺽 한 입(먹는·마시는 양), 꿀꺽 마시기[삼키기]' 란 뜻이다.

인생의 양면을
모두 바라보게
되었어요

Life can only be understood backwards; but it must be lived forwards(인생은 지내놓고 나서야 이해할 수 있지만, 앞으로 나아가는 방향으로만 살아야 한다). 덴마크 철학자 쇠렌 키르케고르Sören Kierkegaard, 1813~1855의 말이다.

정김경숙은 『영어, 이번에는 끝까지 가봅시다』(2024)에서 영어 오디오북으로 책을 읽다가 '키얼크가아드(키에르케고르)'로 들리는 이름이 누구인지 도무지 이해할 수 없었다며, 유럽 쪽 인물들의 영어 발음도 익혀놓는 게 필요하다고 말한다. 그는 5개의 예를 더 소개했다. 빅토르 위고Victor Hugo는 빅터 휴고우, 피카소Picasso는 퍼카쏘우, 아리스토텔레스Aristotles는 에러스타들, 무어의 법칙Moore's law은 모어스 러, 피타고라스 법칙Pythagorean theorem에서 피타고라스Pythagoras는 파이싸고리연으로 알고 있어야 소통이 가능하다는 것이다.[26]

Life is, in fact, a battle. Evil is insolent and strong; beauty enchanting but rare; goodness very apt to be weak; folly very apt to be defiant; wickedness to carry the day; imbeciles to be in great places, people of sense in small, and mankind generally unhappy. But the world as it stands is no narrow illusion, no phantasm, no evil dream of the night; we wake up to it again forever and ever; and we can neither forget it nor deny it nor dispense with it(삶은 실제로 전쟁이다. 악은 오만하고 강하며, 아름다움은 매혹적이지만 드물며, 선은 약해지기 쉬울 뿐이며, 어리석은 생각은 도전적이기 쉬우며, 사악함이 승리하며, 우둔한 자들이 위대한 자리에 오르고 통찰력 있는 사람들이 보잘것없는 자리에 머물며, 인류는 전반적으로 불행하기 쉽다. 하지만 존재하고 있는 이 세상은 궁색한 환상도, 환영도, 밤의 사악한 악몽도 아니다. 우리는 그 안에서 영원히 다시 깨어난다. 그리고 우리는 그 세상을 잊을 수도, 부정할 수도, 배제할 수도 없다).[27]

미국 소설가 헨리 제임스Henry James, 1843~1916의 말이다. phantasm은 '환영幻影', dispense with는 '~없이 지내다, ~을 불필요하게 하다, 면제하다', dispense with a penal stute는 '형벌 법규의 적용을 면제하다'는 뜻이다. Let us dispense with compliments(인사는 빼기로 합시다). The linotype dispenses

with the hand-setting of type(라이노타이프가 생겨서 손으로 하는 식자植字는 불필요하게 되었다).[28]

The beginning of worth-while living is the confrontation with ourselves(가치 있는 삶은 자신을 정직하게 대면하는 데서 시작된다). 미국 목사 해리 에머슨 포스딕Harry Emerson Fosdick, 1878~1969의 말이다. 이에 대해 미국 언론인 데이비드 브룩스David Brooks, 1961~는 『인간의 품격The Road to Character』(2015)에서 이렇게 말한다. The inner struggle against one's own weaknesses is the central drama of life(자신의 약점을 극복하려는 내적 투쟁이 가장 중요한 인생의 드라마다).[29]

Political life must be taken as you find it(우리는 정치적 삶을 우리가 바라보는 그대로 받아들여야 한다). 영국의 정치가이자 작가인 벤저민 디즈레일리Benjamin Disraeli, 1804~1881의 말이다. 미국의 급진적 빈민운동가이자 지역사회 조직가인 솔 알린스키Saul Alinsky, 1909~1972는 『급진주의자를 위한 규칙: 현실적 급진주의자를 위한 실천적 입문서Rules for Radicals: A Pragmatic Primer for Realistic Radicals』 (1971)에서 이 말을 인용하면서 다음과 같이 말했다.

Once we have moved into the world as it is then we begin to shed fallacy after fallacy. The prime illusion we must rid ourselves of is the conventional view in which things are seen separate from their inevitable counterparts. We know intellectually that everything is functionally interrelated, but in our operations we segment and isolate all values and issues. Everything about us must be seen as the indivisible partner of its converse, light and darkness, good and evil, life and death(일단 있는 그대로의 세상으로 들어서고 나면, 잘못된 생각들을 하나씩 버릴 수 있다. 우리가 버려야 하는 가장 중요한 환상은 결코 피할 수 없는 사물의 양면성을 분리시켜 파악하는 인습적 사고방식이다. 지적으로 우리는 모든 것이 기능적으로 서로 연결되어 있다는 사실을 알고 있지만, 행동할 때의 우리는 모든 가치와 문제들을 분할하고 고립시킨다. 우리는 주변의 모든 것을 빛과 어둠, 선과 악, 생과 사와 같이 그것과 결코 분리할 수 없는 반대 개념의 짝으로

서 바라보아야 한다).[30]

　shed엔 "(눈물, 피 등을) 흘리다, (빛, 소리, 냄새 등을) 발산하다"
외에 "(원하지 않는 것을) 없애다, 버리다"는 뜻이 있다. I can't read
such a story without shedding tears(나는 그와 같은 스토리는 눈
물을 흘리지 않고는 읽을 수 없다). He shed his old friends(그는 옛
친구를 뿌리쳐 버렸다). They shed the habits and prejudices of
the past(그들은 과거의 관습과 편견에서 벗어났다).[31]

　The richest and fullest lives attempt to achieve an
inner balance between three realms: work, love and
play(가장 풍요롭고 완전한 삶을 사는 사람은 일, 사랑, 놀이라는 세 가지 영역
의 균형을 달성한다).[32] 덴마크계 독일인으로 미국에서 활동한 발달심리
학자이자 아동정신분석학자인 에릭 에릭슨Erik Erikson, 1902~1994의
말이다.

In the marathon of life, success calls for dedication to the goal, perseverance, compassion for my fellow man, and faith in God(인생이라는 마라톤에서 승리하기 위해서는 목표에 대한 헌신과 끈기, 이웃에 대한 깊은 배려와 신에 대한 믿음이 필요하다).[33] 미국의 마라토너 존 A. 켈리John A. Kelley, 1907~2004의 말이다.

Don't go through life, GROW through life(삶을 경험하지만 말고 삶을 통해 성장하라).[34] 미국 작가 에릭 버터워스Eric Butterworth, 1916~2003의 말이다.

I've looked at life from both sides now,/From win and lose, and still somehow,/It's life's illusions I recall,/I really don't know life at all(나는 이제 인생의 양면을 모두 바라보게 되었어요. 승리와 패배 모두를, 하지만 왠지 아직도 내 기억 속에 떠오르는 건 인생의 환상뿐이에요. 나는 인생이 뭔지 정말 모르겠어요).

캐나다의 싱어송라이터 조니 미첼Joni Mitchell, 1943~이 1969년에 발표한 〈Both Sides Now〉의 가사다. 그녀는 강렬한 인상을 주는 느린 버전의 곡을 2000년에 다시 발표했는데, 이 노래를 즐겨 듣던 애플의 스티브 잡스Steve Jobs, 1955~2011는 각기 다른 느낌을 주는 두 곡에 대해 이런 말을 남겼다. It's interesting how people age(사람들이 어떻게 나이를 먹어가는지 지켜보는 건 흥미로운 일이에요).[35]

잃을 게 없는
사람은
용감하다

He is dangerous who has nothing to lose(잃을 게 없는 사람은 위험하다).[36] 독일 시인 요한 볼프강 폰 괴테Johann Wolfgang von Goethe, 1749~1832의 말이다. 그러나 이는 누구의 관점 또는 어떤 관점에서 보느냐에 따라 달라질 수 있는 문제다. 그래서 잃을 게 없는 사람은 위험한 게 아니라 용감하다고 말할 수도 있다.

I always advise people—Don't wait! Do something when you are young, when you have nothing to lose, and keep that in mind(나는 항상 사람들에게 '주저하지 마라! 젊은 시절에, 아무것도 잃을 것이 없을 때 무엇이든 하라. 그리고 항상 이를 명심하라'고 충고한다). 애플 창립자 스티브 잡스Steve Jobs, 1955~2011의 말이다. 그는 자신의 성공 비결도 바로 그것이었다며 다음과 같이 말했다.

That's why we started Apple, we said you know, we

have absolutely nothing to lose. I was 20 years old at the time, Woz was 24-25, so we have nothing to lose. We have no families, no children, no houses. Woz had an old car, I had a Volkswagen van, I mean, all we were going to lose is our cars and the shirts off our back(우리가 애플을 시작한 이유는 바로 잃을 것이 없었기 때문이다. 당시 저는 스무 살이었고 워즈는 스물다섯 정도였기에 우린 잃을 게 없었다. 우린 가족도, 아이도, 집도 없었다. 워즈는 낡은 차 한 대, 저는 폭스바겐 밴 한 대가 전부였다. 잃을 것이라곤 입은 셔츠와 자동차 외에는 없었던 것이다).[37]

Woz는 잡스의 초기 동업자였던 스티브 워즈니악Steve Wozniak, 1950~을 말한다. nothing to lose라는 표현은 잡스의 영웅이었던 밥 딜런Bob Dylan, 1941~이 1965년에 발표한 〈Like a Rolling Stone〉에 나오는 다음 말을 연상케 한다. When you ain't got nothing, you got nothing to lose(가진 것이 없으면 잃을 것도 없다).

그래도 잃을 게 있다고 생각해 주저할 사람들이 있을까봐, 잡스는 이렇게 못을 박는다. Remembering that you are going to die is the best way I know to avoid the trap of thinking you have something to lose(자신이 죽을 것이라는 사실을 기억하는 것이 잃을 것이 있다는 생각의 함정을 피하는 가장 좋은 방법이다).[38]

Money is like an arm or leg—use it or lose it(돈은 팔과 다리 같아서 쓰지 않으면 없어진다). 미국의 '자동차 왕' 헨리 포드Henry Ford, 1863~1947의 말이다. "use it or lose it"은 미국인들이 즐겨 쓰는 표현인데, 이런 식의 어구 구조를 응용해 쓰기도 한다. 다음과 같은 사례들을 들 수 있겠다.

"소지품에 이름표를 달아 놓아야 분실하지 않는다Label it or lose it, Print it or lose it", "멋있는 자동차가 있어도 운전 면허증이 없으면 소용없다License it or lose it", "애용하지 않으면 소용없다Love it or lose it", "주장만 하지 말고 증명을 하라Prove it or lose it", "수면을 취해야 나아진다Snooze it or lose it", "가입해놓고 자주 찾지 않으면 자격을 잃는다Log it or lose it", "문을 잠그지 않으면 도둑맞는다Lock it or lose it" 등이 그렇다.[39]

My heart sank as he looked lost for words(말을 잊은 그의 모습에 가슴이 아팠다). 미국 제40대 대통령 로널드 레이건Ronald Reagan, 1911~2004의 둘째 아들 론 레이건Ron Reagan, 1958~이 2011년 1월에 출간한 자신의 책 『100세의 내 아버지My Father at 100』에서 한 말이다. 이 책엔 대통령 임기 초부터 단어를 자꾸 잊어버리고 표현을 못하는 레이건의 모습이 그려져 있다. 말을 해야 할 상황에서 못하는 것을 'lost for words'라고 한다. 기억력 감퇴로 단어가 떠오르지 않을 때, 기쁨·충격 등으로 인해 말문이 막

힐 때 등 다양한 상황에서 쓸 수 있다.[40]

1989년 1월 임기를 끝낸 레이건은 공식적으로는 1994년에야 알츠하이머병 진단을 받은 것으로 기록되어 있다. 임기 중에도 알츠하이머로 고생했다는 둘째 아들의 주장은 레이건 지지자들에게서 공격을 받았는데, 특히 레이건의 맏아들 마이클 레이건Michael Reagan, 1945~은 "아버지 탄생 100주년에 모욕을 선물한 것이냐"며 동생을 비난했다. 입양된 아들인 마이클은 자신의 이복동생인 론에 대해 "내 동생 론은 아버지가 살아계셨을 때는 아버지에게 골칫거리였고 지금은 어머니에게 골칫거리가 됐다"며 "내 동생은 자신의 책을 팔아먹으려는 목적으로 아버지까지 팔아먹고 싶어하는 것 같다"고 힐난했다.[41]

I just lost it(화가 폭발했다). 2022년 3월 아카데미 시상식에서 미국 배우 윌 스미스Will Smith Jr., 1968~가 자신의 아내에 대해 고약한 농담을 했다는 이유로 코미디언 크리스 록Chris Rock III, 1965~의 뺨을 때린 사건이 일어났다. 이로 인해 아카데미 시상식 10년 참석 금지라는 중징계를 당한 스미스가 신작 홍보를 위해 8개월여 만에 다시 방송에 등장해 당시 상황에 대해 한 말이다.

정미경의 해설에 따르면, 여기서 'it'은 '그것'이 아니라 '이성적인 정신상태', '마음의 평정'을 말하는데, 미국인들은 화를 제어하지 못하고 폭발시켰을 때 "I lost it"이라고 한다. 'lost'가 들어가는 비슷한 표현으로 "you've lost me"가 있다. 이것도 미국인들이 많이 쓰는 표현인데, 직역으로 하면 '너는 나를 잃어버렸다', 바꿔 말하면 '나는 너를 따라가지 못한다'는 뜻이다. 상대방의 말이 너무 길거나 복잡해서 이해하기 힘들 때 "you've lost me"라고 한다. "Sorry, you've lost me. Can you explain that again?(미안, 이해가 잘 안

돼. 다시 한번 말해줄래)"이라는 뜻이다.[42]

　loser는 "(경쟁에서) 패자, (특히 경멸적인 어조를 담아서 가리켜) 실패자[패배자], (특정 행동·결정 등 때문에) 손해를 보는 사람"을 말한다. bad loser는 지고 나면 불평을 하는 신사답지 못한 패자를 말한다. 한국에선 한동안 돈을 못 벌거나 취직하지 못해도 loser라 부르고 출세하지 못해도 loser라고 부르고, 심지어 남자가 키 180센티미터가 안 되면 loser라는 헛소리마저 튀어나올 정도로 널리 쓰이는 말이 되었다. loser는 이런 용법으로까지 확대되었다. I'm a loser on weekends(주말만 되면 무기력해진다). If you're still a heavy smoker, you are a loser(아직도 골초라면 당신은 희망이 없다).[43]

　Potential losers will be more active and determined than potential winners(손해를 입을 사람들은 이득을 볼 사람들보

다 훨씬 더 열심히 싸울 것이다).[44] 미국 심리학자 대니얼 카너먼Daniel Kahneman, 1934~2024의 말이다. 그가 제시한 '손실 회피loss aversion'라는 개념은 얻은 것의 가치보다 잃어버린 것의 가치를 더 크게 평가하는 것을 말한다. 예컨대, 1만 원을 잃어버렸을 때 느끼는 상실감은 1만 원을 얻었을 때 느끼는 행복감보다 더 크다는 것이다. 정서적으로 2배의 차이가 난다는 실험 결과도 나와 있다.

미끼상품 마케팅loss-leader marketing은 소비자들의 그런 손실 회피 편향을 이용한 것이다. 어느 대형마트에서 비교적 가격이 낮은 상품 한두 가지를 원가 이하로 판매한다. 2,200원에 들여와 3,000원을 받아야 할 것을 대형마트가 200원을 손해보면서 2,000원에 파는 것이다. 대형마트는 이걸 광고해 손님을 끈다. 그걸 사러간 손님이 그거 하나만 달랑 사들고 가지는 않을 것이다. 시간 손실을 의식해 온 김에 마트 구경이나 하자고 하다가 몇만 원 어치 쇼핑을 할 가능성이 매우 높다. 대형마트는 바로 이걸 노리는 것이다. 어떤 상품에 대한 수요가 형성되면 이것이 다른 사람들의 수요에 영향을 미치는 것, 즉 사용자들이 몰리면 몰릴수록 사용자가 계속 늘어나는 것을 가리켜 '네트워크 효과network effect'라고 한다. 오늘날 IT 분야에선 이런 효과를 노려 원가 이하로 판매하는 상품도 loss leader라고 한다.[45]

불평등이 심한 사회에서
신뢰가
가능할까?

In trust is treason(믿음 속의 배신). Trust is the mother of deceit(믿음은 속임수의 원천). Better known than trusted(알고 나서 믿어라).[46] Trust everybody but yourself most(모든 사람을 믿더라도 자기 자신을 가장 믿어라). Trust not a new friend or an old enemy(새로 사귄 친구나 오래된 적은 믿는 게 아니다). Self-trust is the wellspring of courage(자신감은 용기의 원천이다). trust에 관한 속담·격언이다.

In politics, there is no room for trust(정치에는 신뢰의 여지가 없다).[47] 소련 독재자 이오시프 스탈린Iosif Stalin, 1879~1953의 말이다. 그의 권위는 오직 공포에 토대를 두고 있었으니, 신뢰가 무슨 소용이 있었겠는가?

Don't trust anybody over thirty(30세가 넘은 사람은 신뢰하

지 말라).[48] 기성세대에 대한 젊은이들의 불신이 극에 달했던 1960년대에 미국을 비롯한 서구사회에 유행했던 슬로건이다. Trust is the foundation of leadership(신뢰는 리더십의 기초다). 미국의 리더십 전문가 존 캘빈 맥스웰John Calvin Maxwell, 1947~의 말이다.

Societies which rely heavily on the use of force are likely to be less efficient, more costly, and more unpleasant than those where trust is maintained by other means(신뢰를 유지하는 데 무력 사용에 많이 의존하는 사회는 다른 수단으로 신뢰가 유지되는 사회보다 비효율적이고 비용도 많이 들며 불쾌하다).[49] 마피아 문제를 연구하는 이탈리아 사회과학자 디에고 감베타Diego Gambetta, 1952~가 1988년에 한 말이다.

Individuals in higher-trust societies spend less to protect themselves from being exploited in economic transactions. Written contracts are less likely to be needed, and they do not have to specify every possible contingency(신뢰가 정착된 사회에서는 개인들이 경제적 거래에서 부당한 행위를 당할까봐 걱정하고 자신을 보호하려 애쓰지 않는다. 문서화된 계약도 그리 필요하지 않으며, 계약서에다 모든 가능한 상황을 명시해둘 필요도 없다).[50]

미국 경제학자 스테판 낵Stephen Knack, 1961~2019과 필립 키퍼 Phillip Keefer가 1997년에 발표한 논문에서 한 말이다. 스테판 낵은 2001년에 발표한 논문에선 다음과 같이 말했다.

The type of trust that should be unambiguously beneficial to a nation's economic performance is trust between strangers, or more precisely between two randomly selected residents of a country. Particularly in large and mobile societies where personal knowledge and reputation effects are limited, a sizable proportion of potentially mutually beneficial transactions will involve parties with no prior personal ties(한 국가의 경제 수준에 이익이 되는 신뢰는 서로 알지 못하는 사람들 간의 신뢰다. 더 정확히 말하자면 한국 국

가 내에서 무작위로 선택된 두 사람 간의 신뢰다. 특히 규모가 크고 변화가 빨라서 개인의 지식과 평판으로 인한 영향이 제한되어 있는 사회에서, 이전에는 아무런 개인적 관계가 없었던 사람들이 서로에게 이익이 될 수 있는 상거래에 상당수 포함되어 있을 것이다).[51]

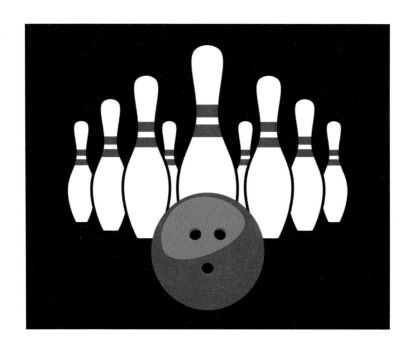

less than the financially comfortable, people in big cities less than small-town dwellers, and people who have been victims of a crime or been through a divorce less than who haven't had these experiences(미국에서는 백인보다는 흑인이, 재산이 풍족한 사람보다는 쪼들리는 사람들이, 소도시보다는 대도시 주민들이, 범죄의 희생자가 되었거나 이혼 경험이 있는 사람들이 그렇지 않은 사람보다 낮은 사회적 신뢰를 표출한다).[52]

　　미국 하버드대학 정치학자 로버트 퍼트넘Robert D. Putnam, 1941~이 『나 홀로 볼링: 볼링 얼론-사회적 커뮤니티의 붕괴와 소생Bowling Alone: The Collapse of Revival of American Community』(2000)에서 한 말

이다. 그는 신뢰엔 '두터운 신뢰thick trust'와 '엷은 신뢰thin trust'가 있다며 그 차이에 대해 다음과 같이 말한다.

Trust embedded in personal relations that are strong, frequent, and nested in wider networks is sometimes called "thick trust." On the other hand, a thinner trust in "the generalized other," like your new acquaintance from the coffee shop, also rests implicitly on some background of shared social networks and expectations of reciprocity. Thin trust is even more useful than thick trust, because it extends the radius of trust beyond the roster of people whom we can know personally(더 넓은 네트워크 속에 둥지를 튼 든든하고 빈번한 인간관계 안에 깊이 자리 잡은 신뢰를 때때로 '두터운 신뢰'라고 부른다. 반면 커피숍에서 새로 알게 된 사람 같은 '일반적 타자'에 대한 신뢰는 이보다는 엷게 마련이지만, 그것 역시 공유된 사회적 네크워크와 호혜성의 기대라는 배경에 묵시적으로 의존하고 있다. 엷은 신뢰는 두터운 신뢰보다 훨씬 더 유용한데, 우리가 개인적으로 알 수 있는 사람들의 범위를 넘어 신뢰의 반경을 확장하기 때문이다).[53]

If you believe that things are going to get better—and that you have the capacity to control your life—trusting others isn't so risky. Generalized trusters are happier in their personal lives and believe they are masters of their own fate(상황은 나아질 것이며, 자신의 삶을 제어할 수 있는 능력이 있다고 생각할 경우 타인을 신뢰하는 일이 그렇게 위험하지 않다. 일반적으로 신뢰를 잘하는 사람들은 자신의 삶에 대한 만족도가 크며, 자기 운명의 주인은 자신이

라고 믿는다).[54]

　　미국 정치학자 에릭 우슬러너Eric Uslaner가 『신뢰의 도덕적 기초 The Moral Foundation of Trust』(2002)에서 한 말이다. 신뢰가 널리 확산되긴 쉽지 않겠다는 걸 시사하는 말이라고 할 수 있겠다. 신뢰를 가로막는 최대의 적은 무엇일까? 우슬러너는 불평등을 지목한다.

　　Trust cannot thrive in an unequal world. People at the top will have no reason to trust those below them.…… And those at the bottom have little reason to believe that they will get a fair shake(불평등한 세상에서는 신뢰가 커나갈 수 없다. 꼭대기를 차지한 사람들은 자기보다 밑에 있는 사람들을 불신의 눈으로 바라본다.……또 맨 밑에 있는 사람들은 자신이 부당한 대우를 받는다고 생각한다).[55]

　　fair shake는 "공평한 조처(기회), 공정한 거래(취급)"을 뜻한다. 흔드는 게 중요한 주사위 게임에서 유래된 말로, 19세기 초부터 사용되었다.[56] get a fair shake는 '공평한 대우를 받다', give a fair shake는 '공평한 대우를 하다'는 뜻이다.

제4장

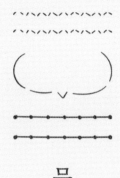

무지 · 신용 · 자신감 · 선택 · 변화

무지는 어떻게
지혜가 될 수
있는가?

rational ignorance('합리적 무지' 또는 '합리적 무시')는 어떤 정보가
주는 이득보다 그것을 얻기 위한 비용이 더 큰 경우 그 정보를 얻지
않고 무시하는 게 '경제적'으로 합리적이라는 개념이다. 평균적 투표
자는 후보자들의 신상과 그들의 공약에 대해 충분한 정보를 가지지
못한 채로 투표장에 가는데, 정보 수집에서 얻는 혜택이 이를 위한 비
용보다 작은 경우 투표자는 정보 수집 행위를 처음부터 시작하지 않
거나, 시작하더라도 충분한 수준까지 하지 못한다.[1]

　　selective ignorance(선택적 무지)는 미국의 기업가이자 작
가인 팀 페리스Tim Ferriss, 1977~가 『주당 4시간 근무The 4-Hour Work
Week』(2007)에서 소개한 정보 다이어트 방법이다. 가장 강력한 방법
은 금식禁食, 즉 정보 단절 처방인데, 이는 이메일과 소셜네트워크 등
을 쓰지 않으면서 일정 기간 자신에게 들어오는 대부분의 정보를 회

피하는 것이다. 이 기간에는 하루 1시간 텔레비전의 비非뉴스 정보 시청과 하루 1시간의 소설 읽기가 허용되며, 이 기간이 지난 뒤에 실천 가능하고 연관된 정보만을 접하는 정보 다이어트로 복귀한다.[2]

arugument from ignorance(무지에 호소하는 오류)는 참으로 증명되지 않은 명제나 전제에 대해 아직까지 참이나 거짓으로 증명되지 않았다는 것을 근거로 결론을 이끌어내는 오류를 말한다. 예를 들어, '미확인비행물체UFO가 존재한다는 증거가 없으므로 UFO는 존재하지 않는다.' 혹은 '신이 존재하지 않는다는 확실한 증거가 없으므로 신은 존재한다'고 주장하는 것이 무지에 호소하는 오류에 해당한다.[3]

I am not ashamed to confess that I am ignorant of what I do not know(나는 내가 모르는 것에 대해 무지하다는 것을 고백하는 게 부끄럽지 않다).[4] 고대 로마의 철학자 키케로Cicero, B.C.106~B.C.43의 말이다.

Don't be afraid of ignorance. Fear that you have false knowledge(무식한 것을 두려워하지 마라. 허위의 지식을 가지고 있음을 두려워하라).[5] 독일 시인 요한 볼프강 폰 괴테Johann Wolfgang von Goethe, 1749~1832의 말이다.

Not ignorance, but ignorance of ignorance is the death of knowledge(무지가 아니라 무지에 대한 무지, 즉 자신이 무지한 걸 모르는 것이 지식의 죽음이다).[6] 영국 수학자이자 철학자인 알프레드 노스 화이트헤드Alfred North Whitehead, 1861~1947의 말이다.

A person must have a certain amount of 'intelligent ignorance' to get anywhere(어떤 일을 이루기 위해서는 약간의 지적 무지를 지녀야 한다). 미국 발명가이자 GM 연구소 소장을 지낸 찰스 케터링Charles Kettering, 1876~1958의 말이다. 이미 구축된 지식의 범주는 우리의 행동을 좌지우지하는 경향이 있는데, 새로운 해결 방식은 그 범주를 넘어서야 하는 것이기 때문에 '지적 무지' 상태를 유지하는 것이 필요하다는 뜻이다.[7]

Never underestimate your own ignorance(당신 자신의 무지를 절대로 가볍게 여기지 마라). 세계적인 물리학자 앨버트 아인슈타인Albert Einstein, 1879~1955의 말이다.

There is no escape from the problem of ignorance, because nobody knows enough to run the government. Presidents, senators, governors, judges, professors, doctors of philosophy, editors and the like are only a little less ignorant than the rest of us. Even an expert is a person who chooses to be ignorant about many things so that he may know all about one(그 누구도 정부를 운영할 만큼 충분

히 많은 지식을 가질 수는 없기 때문에, 무지의 문제를 해결하는 것은 불가능하다. 대통령, 상원의원, 주지사, 판사, 교수, 박사, 기자 같은 사람들도 우리 나머지 사람들보다 단지 조금 덜 무지할 뿐이다. 전문가조차도 어느 한 분야에 관해서는 전부를 알고자 하면서도 그 밖의 많은 것에 대해서는 무지하기를 선택한 사람들일 뿐이다).

미국 정치학자 E. E. 샤츠슈나이더E. E. Schattschneider, 1892~1971가 『절반의 인민주권The Semi-Sovereign People: A Realists' View of Democracy in America』(1960)에서 한 말이다. 이어 그는 다음과 같이 말한다.

The compulsion to know everything is the road to insanity. People are able to survive in the modern world by learning to distinguish between what they must know and what they do not need to know. We get a clue to the solution of the problem when we begin to realize that it is not necessary to be an automotive engineer to buy an automobile or to be an obstetrician in order to have a baby(모든 것을 알아야 한다는 강박관념은 정신병으로 귀결될 뿐이다. 사람들이 현대세계에서 살아남을 수 있는 이유는 그들이 꼭 알아야 하는 것과 알 필요가 없는 것을 구별하는 법을 배웠기 때문이다. 자동차를 구매하기 위해 자동차 기능공이 되거나 아기를 갖기 위해 산부인과 의사가 될 필요는 없다는 점을 깨닫기 시작할 때, 문제 해결의 실마리가 보이게 된다).[8]

Most ignorance is vincible ignorance. We don't know because we don't want to know(대부분의 무지는 피할 수 있는 무지다. 우리는 알기를 원치 않기 때문에 모른다).[9] 영국 작가 알도스 헉슬리

Aldous L. Huxley, 1894~1963의 말이다.

We have an almost unlimited ability to ignore our ignorance(우리는 자신의 무지를 무시할 수 있는 거의 무한한 능력을 지니고 있다). 심리학자임에도 "심리학에서의 통찰을 경제학에 적용함으로써 연구 분야에 새로운 지평을 열었다"는 이유로 2002년 노벨경제학상을 받은 대니얼 카너먼Daniel Kahneman, 1934~2024이 『생각에 관한 생각Thinking, Fast and Slow』(2011)에서 한 말이다. 이와 관련, 미국 언론인 데이비드 브룩스David Brooks, 1961~가 『인간의 품격The Road to Character』(2015)에서 다음과 같이 말한다.

There is something intellectually impressive about that sort of humility.……Humility is the awareness that there's a lot you don't know and that a lot of what you think you know is distorted or wrong. This is the way humility leads to wisdom(겸손에는 지적으로 놀라운 측면도 있다.…… 겸손하다는 것은 자신에게 모르는 것이 많고, 자신이 안다고 생각하는 것 가운데 상당수가 왜곡되고 그릇되어 있다는 것을 깨닫는 일이다. 겸손이 지혜로 이어지는 것도 바로 이런 이유에서다).[10]

신용은
거울과
같다

credit(신용)의 어원은 "나는 믿는다"를 뜻하는 라틴어 '크레도credo'
다.[11] 신용을 잃었다는 건 믿음을 잃었다는 뜻이니 이만저만 큰 일이
아니다. 딴 곳으로 이동해서 살아가기가 쉽지 않았던 옛날엔 더욱 그
랬을 것이고, 그래서 이런 말이 나왔을 게다. He that has lost his
credit can lose nothing further(신용을 잃은 사람은 더는 잃을 게 없
다). 기원전 1세기 시리아 출신의 로마 작가인 푸블릴리우스 시루스
Publilius Syrus, B.C.85~B.C.43의 말이다.

Remember that credit is money(신용은 돈이라는 걸 명심
하라). 미국 정치가이자 발명가인 벤저민 프랭클린Benjamin Franklin,
1706~1790의 말이다.

Credit is like looking-glass, which when sullied by a
breath, may be wiped clear again, but if once cracked can

never be repaired(신용은 거울과 같다. 입김으로 흐려지면 닦아서 다시 깨끗하게 만들 수 있지만 한번 깨지면 복구할 수 없다). 스코틀랜드의 시인이자 소설가인 월터 스콧Walter Scott, 1771~1832의 말이다. sully는 '(가치를) 훼손하다[떨어뜨리다], 더럽히다'는 뜻이다.

on credit은 '외상으로, 신용 대부로'란 뜻이다. Everything they have was bought on credit(그들이 가지고 있는 것은 모두 외상으로 산 것이다). creditor는 '채권자', debtor는 '채무자'다. Creditors have better memories than debtors(채권자가 채무자보다 기억력이 더 좋은 법이다). 채무자가 되지 않는 게 좋겠지만, 믿음을 얻는다는 건 명예나 자랑거리가 될 수도 있는 일이다.

People were getting to consider it old-fashioned to limit their purchases to the amount of their cash balance; the thing to do was to "exercise their credit." By the latter part of the decade, economists figured that 15 percent of all retail sales were on an installment basis, and that there were some six billions of "easy payment" paper outstanding(사람들은 자기들의 구매력을 현금 수지에 맞도록 제한하는 것을 낡은 사고방식으로 여기게 되었다. "신용을 쓴다"는 것은 당연한 일이 되었다. 경제학자들은 1920년대 말까지 모든 소매 매출액의 15퍼센트는 월부로 이루어

진 것이며, 60억 달러에 달하는 "분할 납부"가 결제되지 않았다고 추정했다).[12]

미국 역사가 프레더릭 루이스 앨런Frederick Lewis Allen, 1890~1954
이 『원더풀 아메리카Only Yesterday: An Informal History of the Nineteen-Twenties』(1931)에서 1920년대에 일반화된 installment buying(할부 구매)에 대해 한 말이다. easy payment는 '분할 납부'란 뜻이다. outstanding은 '뛰어난, 걸출한, 중요한' 외에 '아직 처리되지 않은, 미지불된, 미해결된'이란 뜻으로도 쓰인다.

be a credit to one's family는 '집안의 명예나 자랑거리가 되다'는 뜻이다. You are a credit to your school(너는 학교의 자랑거리다). The fundamental defect of fathers is that they want their children to be a credit to them(아버지들의 근본적인 결함은 자식들이 그들에게 자랑거리가 되기를 원한다는 것이다).[13] 영국 철학자 버트런드 러셀Bertrand Russell, 1872~1970의 말이다.

Share credit(공적은 나누어라).[14] 미국 최초의 흑인 국무장관 콜린 파월Colin Powell, 1937~2021의 말이다. 당연한 말인 것 같지만, 그게 잘 지켜지질 않으니까 문제다. 파월은 2012년에 출간한 자서전에서 '13가지 리더십 규칙13 rules for leadership'을 제시했는데, 공적을 나누는 건 아홉 번째 규칙이다.

He passed credit for victories on to his subordinates and, in one of the most famous unsent messages in world

history, was willing to put the blame for failures upon himself. This was the memo he was going to release if the D-Day invasion failed(승리의 공은 부하들에게 돌렸다. 역사적으로 유명한-하지만 보내지는 않은-메시지를 보면 그가 실패를 자신의 과오로 돌릴 준비가 되어 있는 사람이라는 것을 알 수 있다. 노르망디 상륙 작전이 실패할 경우 언론에 보내려 한 메시지였다).

　　미국 언론인 데이비드 브룩스David Brooks, 1961~가 『인간의 품격The Road to Character』(2015)에서 1944년 6월 6일 노르망디 상륙 작전의 책임을 진 연합군의 총사령관이자 나중에 미국 제34대 대통령이 되는 드와이트 아이젠하워Dwight D. Eisenhower, 1890~1969에 대해 한 말이다. 당시 아이젠하워가 쓴 메모의 내용은 다음과 같다.

Our landings……have failed……and I have withdrawn the troops. My decision to attack at this time and place was based upon the best information available. The troops, the air and the Navy did all that bravery and devotion could do. If any blame or fault attaches to the attempt it is mine alone(저희의 상륙 작전이……실패했습니다.……그리고 저는 후퇴 명령을 내렸습니다. 공격 시점과 지점에 대한 제 결정은 가장 신뢰할 만한 가용 정보들에 기초한 것이었습니다. 육군, 해군, 공군 모두 엄청난 용기로 이번 작전에 헌신했습니다. 이 작전에 어떤 잘못이나 실수가 있었다면 그것은 모두 저 혼자만의 것입니다).[15]

상급자가 부하들과 공적 또는 성과를 나누지 않고 혼자 독식하려고 하는 '성과도둑'이 많다. 이런 직장 내 문제를 주제로 『사무실의 도른자들Jerks at Work』(2023)이라는 책을 쓴 미국 뉴욕대학 사회심리학 교수 테사 웨스트Tessa West는 『조선일보』(2023년 11월 18일) 인터뷰에서 "신입 사원들이 '성과도둑credit stealer' 선배 때문에 힘들어하는 경우도 있다"는 질문에 다음과 같이 답했다.

"남의 아이디어나 공功을 훔치는 건 아주 흔한 일인 것 같다. 『뉴욕타임스』나 『월스트리트저널』 기자들이 '편집장editor이 내가 낸 아이디어를 제 것인 양 슬쩍하는 걸 어떻게 방지할 수 있을까' 많이 묻더라. 일단 다른 사람이 내 아이디어를 훔치기 전에 '내 것'이라고 선제적으로 인정받는 법을 배워야 한다. 아이디어는 모든 사람이 있는 앞에서 내 이름으로 발제해 그 아이디어가 '내 것'임을 공공연하게 밝혀야 한다. 그렇게 하면 카리스마 있는 누군가가 그걸 낚아채는 일을 막을 수 있다. 언론사는 뉴스룸의 성과를 어떻게 배분하고 정의할 것

인지에 대한 시스템을 구축하는 것도 중요하다."[16]

　　ending credit은 영화가 끝난 직후 스크린 자막을 통해 제공되는, 영화 제작과 관련된 상세 정보, 배급사, 제작사, 감독, 주요 연기자, 제작진 등의 소개를 말한다. 영화뿐만 아니라 대중가요에도 누가 작곡하고 작사를 했다는 걸 밝히는 크레딧이 있기 마련인데, 이걸 둘러싸고 자주 갈등이 벌어지기도 한다.

　　〈Yesterday〉는 비틀스Beatles의 1965년 히트곡 제목이다. 비틀스의 간판을 달긴 했지만, 작곡에서부터 노래에 이르기까지 폴 매카트니Paul McCartney, 1942~ 한 사람의 작품이라고 해도 과언이 아니다. 매카트니는 2000년 존 레논John Lennon, 1940~1980의 부인인 요코 오노Yoko Ono, 1933~에게 노래의 크레딧을 'McCartney-Lennon'으로 순서만이라도 바꾸게 해달라고 요청했지만 거절당하고 말았다.[17]

자신감과
자만심은
어떻게 다를까?

confidence(신뢰, 자신감, 확신)는 "나는 신뢰한다"를 뜻하는 라틴어 '피도fido'에서 유래된 말이다. 우리가 경제적으로 겪는 자신감 위기는 '신용 위기'라고도 불리는데, '신용credit'의 어원 역시 "나는 믿는다"를 뜻하는 라틴어 '크레도credo'다.[18]

Don't lose confidence. Only those who can respect themselves can respect others(자신감을 잃지 마라. 자기를 존중할 줄 아는 사람만이 다른 사람을 존중할 수 있다). 독일 철학자 아르투어 쇼펜하우어Arthur Schopenhauer, 1788~1860의 말이다. 그러나 이 정도에서 그치는 게 좋을 것 같다. 쇼펜하우어의 다음 말은 철학자에게만 가능할 뿐 그 누구에게도 권하고 싶지 않은 삶의 방식이다.

I am the only one who can rely on confidence in this world. This is because companionship with others

often leads to abhorrence and loss. Therefore, he who is content with himself and is sure is already happy(이 세상에서 확신을 가지고 의지할 수 있는 것은 오직 나 자신뿐이다. 다른 사람과의 교제는 혐오와 손실을 초래하는 경우가 많기 때문이다. 그러므로 자신에게 만족하면서 확신을 가지는 자는 이미 행복하다).[19]

Believe in yourself! Have faith in your abilities! Without a humble, but reasonable confidence in your own powers, you cannot be successful or happy(당신 자신을 믿어라! 당신의 능력을 신뢰하라! 당신의 능력에 대해 겸허하면서도 정당한 확신이 없으면, 성공할 수도, 행복해질 수도 없다).[20] 미국의 목사이자 성공학 전도사인 노먼 빈센트 필Norman Vincent Peale, 1898~1993의 말이다.

Outstanding leaders go out of their way to boost the self-esteem of their personnel. If people believe in themselves, it is amazing what they can accomplish(진정 뛰어난 리더는 구성원들의 자존심을 북돋우기 위해 적극적으로 노력한다. 사람들이 자기 자신을 믿기 시작하면, 놀라운 결과를 이루어낸다).[21] 미국 월마트의 창업자 샘 월턴Sam Walton, 1918~1992의 말이다.

Every achiever that I have ever met says, "My life turned around when I began to believe in me"(내가 만나본, 목표를 성취한 사람들은 하나 같이 이렇게 말했다. "나 자신을 믿기 시작하자 인생이 바뀌었습니다").[22] 미국의 목사이자 성공학 전도사인 로버트 슐러Robert H. Schuller, 1926~2015의 말이다.

When you have confidence, you can have a lot of fun. And when you have fun, you can do amazing things(당신이 자신감이 있으면 많은 것을 즐길 수 있다. 그리고 즐거우면 당신은 놀라운 일을 할 수 있다).[23] 미국 미식축구 선수 조 나마스Joe Namath, 1943~의 말이다.

Experience tells you what to do, confidence allows you to do it(경험은 당신에게 무엇을 해야 하는지 말해주고 확신은 당신에게 그것을 하도록 허용해준다).[24] 1970년대 세계 테니스계를 이끌었던 미국 테니스 선수 스탠 스미스Stan Smith, 1946~의 말이다.

Parents think they can hand children permanent confidence—like a gift—by praising their brains and talent. It doesn't work, and in fact has the opposite effect. It makes children doubt themselves as soon as anything is hard or anything goes wrong. If parents want to give their children a gift, the best thing they can do is to teach their children to love challenges, be intrigued by mistakes, enjoy effort, and keep on learning(부모는 자녀의 지능과 재능을 칭찬해주면 영구적인 자신감을 줄 수 있다고 생각한다. 하지만 역

효과가 날 수 있다. 뭔가 어렵거나 잘못되면 곧바로 자신을 의심하게 되기 때문이다. 부모가 자녀에게 줄 수 있는 최고의 선물은 도전을 사랑하고 실수를 통해 자극을 받고 노력하는 것을 즐기고 계속 배울 수 있도록 도와주는 것이다).[25]

미국 심리학자 캐럴 드웩Carol Dweck, 1946~이 『성공의 새로운 심리학: 마인드세트Mindset: The New Psychology of Success』(2006)에서 한 말이다. intrigue가 동사로 쓰이면 "강한 흥미[호기심]를 불러일으키다, 모의하다, 음모를 꾸미다"는 뜻이다. That is what I am intrigued to find out(내가 알아내고 싶어서 좀이 쑤시는 것은 바로 그것이다). He is more intrigued by animals than people(그는 인간보다 동물에 대해 흥미를 가지고 있다).[26]

무엇이건 '오버'하는 건 좋지 않다. overconfidence는 '지나친 자신, 자기 과신, 자부, 자만'이란 뜻이다. 미국의 경영학자 칩 히스Chip Heath, 1963~와 댄 히스Dan Heath, 1973~ 형제는 의사결정을 망치는 주범 중의 하나로 자신이 실제보다 더 많이 알고 있는 것으로 착각하는 자기 과신을 지적했다.[27]

일반적으로 자신의 능력을 과대평가하는 걸 가리켜 '과신 효과overconfidence effect' 또는 '과신 오류'라고 한다. 과신 효과는 '기만적 우월감 효과illusory superiority effect'라고도 한다. 심리학자 에이미 메즐리스Amy Mejlis의 연구팀은 수백 차례에 걸친 조사를 통해, 거의 모든 문화권 대부분의 사람들이 자신을 실제보다 더 높게 평가한다는 점을 밝혀냈다. 자신이 평균 이상이라고 생각하고 다른 사람은 자신보다 못하다고 믿는다는 것이다.[28]

미국의 풍자 작가 개리슨 케일러Garrison Keillor, 1942~는 라디오 드라마의 배경으로 '워비곤 호수Lake Wobegon'라는 가상의 마을을 만들어냈는데, 이 마을 여자들은 스스로 힘이 세다고 생각하고, 남자들은 다 잘 생겼다고 믿으며 아이들도 자기가 평균 이상의 능력을 가지고 있다고 생각한다. 실제론 별로 그렇지 않은 데도 말이다. 이 드라마의 유명세 덕분에 과신 효과 또는 기만적 우월감 효과를 가리켜 '워비곤 호수 효과Lake Wobegon effect'라고도 한다. 심리학자 토머스 길로비치Thomas Gilovich, 1954~의 작명이다.[29] 이런 자기 과신 또는 자만심엔 진화적으로 그럴 만한 이유가 있다.

At an individual level, overconfidence made it more likely that you would get a scarce resource, such as food. For example, if you were in a showdown with a rival, showing a bit of swagger, even aggressive overconfidence, would sometimes lead to your getting a meal you wouldn't otherwise get simply because your bluff worked(개인 수준에서 자만심은 식량 등의 희소 자원을 얻을 확률을 높여주었다. 예컨대, 라이벌과 결전을 치를 때 약간의 허세와 공격적인 자만심을 드러낸다면, 다른 방법으로는 얻지 못할 식량을 종종 손에 넣었을 것이다. 단순히 허세가 먹혔기 때문이다).

A rival—even a stronger rival—could be scared off by the right display of overconfidence and bluster. Of course, you always risk that the rival will see through it and you'll get beat up instead or even killed. But in an era

in which the alternative was starvation, taking that gamble was rational(자만심과 호언장담을 제대로 보여준다면 더 강한 라이벌이라도 겁을 먹고 도망치게 할 수 있었다. 물론 이때는 실체를 간파한 라이벌에게 두들겨 맞거나 목숨을 빼앗길 위험을 감수해야 했다. 그러나 이렇게 하지 않으면 굶어 죽을 수도 있었던 시대에 이런 도박은 합리적 선택이었다).[30]

영국 정치학자 브라이언 클라스Brian Klaas, 1986~가 『권력의 심리학: 누가 권력을 쥐고, 권력은 우리를 어떻게 바꾸는가Corruptible: Who Gets Power and How It Changes Us』(2021)에서 한 말이다. 자신감과 자만심은 어떻게 다를까? 본질적으론 다르지 않다. 결과가 좋으면 자신감, 결과가 좋지 않으면 자만심이라고 할 수 있겠다.

인생은 B(탄생)와
D(죽음) 사이의
C(선택)이다

I am not what happened to me. I am what I choose to become(나 자신은 나에게 일어난 사건들의 총합이 아니다. 나는 내가 되고 싶어 선택해온 존재다).[31] 스위스 정신의학자 칼 구스타프 융Carl Gustav Jung, 1875~1961의 말이다.

Life is C(choice) between B(birth) and D(death)(인생은 B(탄생)와 D(죽음) 사이의 C(선택)이다.[32] 프랑스 실존주의 철학자 장 폴 사르트르Jean-Paul Sartre, 1905~1980의 말이다.

Humans that just have made simple distinctions for millions of years, may not be biologically ready to live modern life to make countless choices(수백만 년간 단순한 구분만 하며 살아온 인간이 수없이 많은 선택을 해야 하는 현대의 삶을 살기에는 생물학적으로 아직 준비가 되어 있지 않을 수도 있다).[33] 미국 심리학자 배리

GOOD CHOICE

슈워츠Barry Schwartz, 1946~의 말이다. 그런 문제는 일상적 삶에서 어떻게 나타나는가? 슈워츠는 다음과 같이 말한다.

As the number of choices keeps growing, negative aspects of having a multitude of options begin to appear. As the number of choices grows further, the negatives escalate until we become overloaded. At this point, choice no longer liberates, but debilitates. It might even be said to tyrannize(선택의 여지가 많아지면 그로 인해 부정적인 결과들이 나타나기 시작한다. 선택의 여지가 하나둘씩 늘어나면서 선택이 야기하는 부정적인 효과들은 우리가 더이상 견딜 수 없을 때까지 고조된다. 이렇게 되면 선택은 더이상 우리를 자유롭게 하지 않고 쇠약하게 만드는 요소로 전락한다. 그것은 심지어 우리를 억압할 수도 있다).[34]

배리 슈워츠는 『선택의 역설The Paradox of Choice』(2004)에서 선택사항이 너무 많으면 오히려 선택을 하지 못하는 '선택의 역설'을 제시했다. 이 책이 베스트셀러가 되면서 '선택 피로choice fatigue'라는 신조어까지 생겨났다.[35] debilitate는 "심신을 약화시키다, (국가·기관 등을) 약화시키다", a debilitating disease는 "심신을 쇠약하게 만드는 질병"이란 뜻이다. Prolonged strike action debilitated the industry(장기적인 파업으로 그 산업이 약화되었다). tyrannize는 "압제하다, 폭군같이 굴다(→tyrant)", a father tyrannizing his children은 "자녀에게 폭군같이 구는 아버지"란 뜻이다.

미국의 IT 전문지 『와이어드 매거진Wired Magazine』의 편집장 크리스 앤더슨Chris Anderson, 1961~은 『롱테일 경제학The Long Tail』 (2006)에서 슈워츠의 주장에 대해 반론을 제기했다. 그는 다른 심리학자 시나 아이엔거Sheena Iyengar, 1969~의 최근 연구논문 중 핵심 주장을 다음과 같이 소개했다.

Despite the detriments associated with choice overload, consumers want choice and they want a lot of it. The benefits that stem from choice, however, come

not from the options themselves, but rather from the process of choosing. By allowing choosers to perceive themselves as volitional agents having successfully constructed their preference and ultimate selection outcome during the choosing task, the importance of choice is reinstated(소비자들은 선택으로 인한 손실이 엄청나게 크다 해도 할 수 있는 한 자주 선택하고 싶어한다. 하지만 선택으로 인한 이익은 그 선택권을 통해서가 아니라 선택의 과정에서 온다. 즉, 소비자들이 어떤 것을 선택하는 동안 스스로에게 자신이 좋아하는 것을 물어보고 또 최종적으로 본인이 원하는 것을 선택했다는 성취감을 느낄 수 있을 때, 선택의 중요성은 다시 부각된다).[36]

We're all making a Sophie's choice in this moment(지금 이 순간 모두가 소피의 선택을 하고 있다). 코로나19가 극성을 부리던 2021년 연말 고향 방문을 위해 인디애나폴리스 공항에서 대기 중인 멀리사Melissa라는 여성이 한 말이다. 그녀는 고향 부모님에게 전염시킬 수 있다는 불안감 때문에 비행기에 오르는 것을 주저하면서도 확실치 않은 전염 가능성 때문에 방문을 포기하는 것도 옳지 않다는 생각이 든다고 했다.

이처럼 타당한 2가지 옵션 가운데 어느 쪽을 택해야 할지 힘든 결정을 내려야 하는 상황을 '소피의 선택Sophie's choice'이라고 한다. 메릴 스트립Meryl Streep, 1949~ 주연의 영화로 잘 알려졌지만 원래 미국 퓰리처상 수상 작가인 윌리엄 스타이런William Styron, 1915~2006의 소설 제목이다. 소설은 1979년, 영화는 1982년에 나왔다. 워낙 유명한 소설과 영화 제목이어서 미국인들이 즐겨 쓰는 표현이다.[37]

    non-choice choice(선택하지 않은 선택)는 자신의 뜻과 무
관하게 이루어진 선택을 말한다. 미국 노스다코타대학의 언론학
교수 앤 버넷Ann Burnett이 만든 말인데, 그는 다음과 같이 말한다.
Busyness is now the social norm that people feel they
must conform to or risk being outcasts.······As if you
don't get to choose, busyness is just there. I call it the
nonchoice choice. Because people really 'do' have a
choice(이제 바쁨은 사람들이 외톨이가 되지 않으려면 반드시 따라야 하는
사회적 규범이 되었다.······자신이 선택한 게 아닌데 저절로 바빠졌다는 식으로
이야기하죠. 나는 그걸 '선택하지 않은 선택'이라고 부릅니다. 사실 사람들에게
는 선택권이 있거든요).[38]

    creeping non-choice(섬뜩한 무선택)란 말도 있다. 미국 언

론인 브리짓 슐트Brigid Schulte, 1962~는 『타임 푸어Overwhelmed: How to Work, Love, and Play When No One Has the Time』(2014)에서 다음과 같이 말한다.

From 1970 to 2006, the proportion of first births to American women over thirty-five increased nearly eight times.……Delay can also mean that women simply run out of time, what the economist Sylvia Ann Hewlett calls a "creeping non-choice." (미국에서는 1970년과 2006년 사이에 초산初産 연령이 35세 이상인 여성들의 비율이 8배 가까이 증가했다.……출산이 늦어진다는 것은 여자들에게 남은 시간이 얼마 없다는 의미가 된다. 경제학자 실비아 앤 휼렛은 이것을 '섬뜩한 무선택'의 상태라고 표현한다).[39]

당신이 변하면
모든 것이
변한다

Everyone thinks of changing the world, but no one thinks of changing himself(모든 사람이 세상을 바꿀 생각을 하지만 자신을 바꾸려고 하진 않는다). 러시아 작가 레프 톨스토이Lev Tolstoi, 1828~1910의 말이다.

Progress is impossible without change: Those who cannot change their minds cannot change anything(발전은 변화 없이 불가능하다. 그런데 스스로 바뀌지 않으면 세상의 아무것도 바꿀 수 없다).[40] 아일랜드 작가 조지 버나드 쇼George Bernard Shaw, 1856~1950의 말이다.

Be the change you want to see in the world(세상이 어떤 식으로 변하기를 바란다면 스스로 그렇게 변하라).[41] 인도 지도자 마하트마 간디Mahatma Gandhi, 1869~1948의 말이다.

We cannot change anything unless we accept it(수용하지 못하면 변화할 수 없다).[42] 스위스 정신의학자 칼 구스타프 융Carl Gustav Jung, 1875~1961의 말이다.

Lecture or propaganda does not suffice to bring about the necessary change by itself alone(강연이나 선전만으로는 절대로 필요한 변화를 끌어내지 못한다).[43] 독일 심리학자 쿠르트 레빈Kurt Lewin, 1890~1947의 말이다.

Everything changes when you change(당신이 변하면 모든 것이 변한다).[44] 미국 기업가이자 작가 짐 론Jim Rohn, 1930~2009의 말이다. 앞서 소개한 레프 톨스토이, 조지 버나드 쇼, 마하트마 간디의 말과 일맥상통하는 말이다. 사실 이게 변화의 핵심이다. 우리는 남을 향해서만 변화를 말할 뿐 자신이 먼저 변하려고 하진 않기 때문이다.

If we don't change, we don't grow. If we don't grow, we aren't really living(변화하지 않으면 성장할 수 없다. 성장하지 않으면 진정으로 사는 것이 아니다).[45] 미국 작가 게일 시이Gail Sheehy, 1936~2020의 말이다.

Do you want to sell sugared water for the rest of your life, or do you want to come with me and change the world?(남은 평생 동안 설탕물이나 팔고 있을 건가요? 아니면 나와 함께 세상을 바꾸고 싶으신가요?).[46] 애플의 스티브 잡스Steve Jobs, 1955~2011가 1983년 펩시콜라의 사장으로 있던 존 스컬리John Sculley, 1939~를 애플로 영입하기 위해 던진 말이다. 결국 잡스의 말에 넘어간 스컬리는 애플 CEO가 된 후 잡스와 갈등을 빚다가 1985년 잡스를 쫓아내는 데 성공하지만, 1997년 잡스가 애플에 복귀함으로써 영원히 잡스의 그늘에 파묻히는 악연惡緣의 주인공이 된다. 스컬리는 나중에 잡스에 대해 다음과 같이 말했다.

He had an uncanny ability to always get what he wanted, to size up a person and know exactly what to say to reach a person.……I realized for the first time in four months that I couldn't say no(그는 언제나 자신이 원하는 걸 이루어내는 신비한 능력을 갖고 있습니다. 상대방을 치밀하게 가늠해본 뒤에 그를 설득하려면 어떻게 말해야 하는지 정확하게 알지요.……4개월 만에 처음으로 '안 됩니다'라고 대답할 수 없다는 사실을 깨달았어요).[47]

그런데 잡스는 왜 하필 '설탕물'이나 팔던 스컬리를 애플에 영입하고자 했던 걸까? 바로 이 물음에 대한 답 속에 잡스의 브랜드 철학이 숨겨져 있다. 펩시콜라나 코카콜라가 시커먼 설탕물을 전 세계적으로 팔아먹을 수 있었던 것은 그 설탕물에 덧씌운 이미지 파워 덕분이었다. 스컬리는 "마케팅은 연극을 무대에 올리는 일과 같다"고 했다.[48]

그런 '이미지 마케팅'의 차원에선 콜라와 애플 제품은 다를 게

전혀 없다는 것, 이는 애플의 광고 속에서 얼마든지 확인할 수 있는 것이었다. 애플 광고의 문법은 고급 스포츠카 광고의 문법과 비슷했다. 멋진 모델은 이미지 언어를 통해 사실상 이렇게 외쳐댄다. Do you want to look like me? Buy this product and you will(나처럼 멋지게 성공한 사람처럼 보이고 싶어? 그렇다면 이걸 사란 말이야).[49]

The people who are crazy enough to think they can change the world are the ones who do(세상을 바꿀 수 있다고 생각할 만큼 미친 사람들이 결국 세상을 바꾸는 사람들이다).[50] 잡스의 애플 복귀 직후에 나온 1997년 광고 'Think Different(다른 것을 생각하라)'에 나오는 문구다.[51]

Ask yourself, "Am I now ready to make some change."(스스로에게 물어보라. "난 지금 무엇을 변화시킬 준비가 되었는가?").[52] 자기계발 작가 잭 캔필드Jack Canfield, 1944~의 말이다. 그는 미국『뉴욕타임스』190주 연속 베스트셀러라는 경이적인 기록을 세웠으며, 전 세계 41개 언어로 번역되어 1억 부 이상 판매된 세계적 베스트셀러『영혼을 위한 닭고기 수프Chicken Soup for the Soul』(1993) 시리즈의 공저자다.

Change or Die(변화하지 않으면 살아남지 못한다). 미국 GE 회장(1981~2000년)을 지낸 잭 웰치Jack Welch, 1935~2020가 1990년대에 경영회의를 시작할 때마다 외친 말이다. 이와 관련, 휼렛패커드Hewlett-Packard의 부사장 리처드 러브Richard Love는 "변화의 속도가

너무 빠르기 때문에 변화의 능력이 경쟁우위가 되고 있다"고 했다.[53]
미국 경영학자 필립 코틀러Philip Kotler, 1931~의『미래형 마케팅Kotler
on Marketing』(1999)에 인용된 말이다.

　　Any change is a change in the topic(변화란 중심 화제가 바
뀌었음을 뜻한다).[54] 아르헨티나 작가 세사르 아이라César Aira, 1949~가
『생일』(2001)에서 한 말이다.

제5장

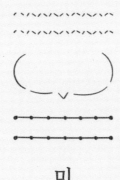

미국 · 영어 · 노예 · 실리콘밸리 · 자동차

미국의
'America 독식'에 대한
불만

There were, Banjamin Franklin said, 13 useful virtues: temperance, silence, order, resolution, frugality, industry, sincerity, justice, moderation, cleanliness, tranquility, chastity, and humility. There is perhaps no better inventory of the American creed(벤저민 프랭클린에 의하면 13개의 유익한 덕목이 있다. 그것은 절제, 침묵, 질서, 결단, 절약, 근면, 성실, 정의, 중용, 청결, 평정平靜, 순결, 겸양이었다. 아마도 미국인의 생활 신조를 나열한 것으로서는 이만큼 적절한 것은 없을 것이다).[1]

미국 사회학자 대니얼 벨Daniel Bell, 1919~2011이 『자본주의의 문화적 모순The Cultural Contradictions of Capitalism』(1976)에서 한 말이다. 벤저민 프랭클린Benjamin Franklin, 1706~1790은 미국의 정치가이자 발명가다. 작가 박중서는 "벤저민 프랭클린은 역대의 미국인 중에서도

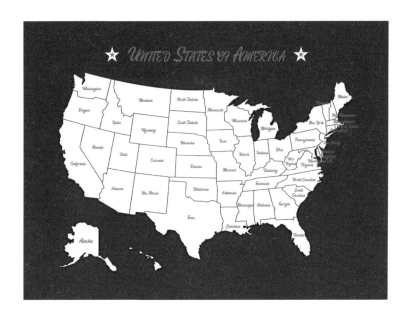

가장 미국적인 인물이 아닐 수 없다"며 "오늘날 역대 대통령들과 나
란히 미국의 100달러 지폐에 그의 얼굴이 새겨진 데에는 충분히 그
럴 만한 까닭이 있는 것이다"고 했다.[2] 프랭클린이 사망하기 직전, 미
국은 어떤 나라였을까? 대니얼 벨의 다음 기록을 감상해보자.

In 1789, when George Washington was inaugurated
as the first president of the United States(and the
Constitution has just been ratified), American society
consisted of fewer than 4 million people, of whom
750,000 were blacks. Few people lived in cities; New
York, then the capital, had a population of 33,000. In all,
200,000 individuals lived in what were then defined as

'urban areas', places with more than 2,500 inhabitants. It was a young population: the medium age was 16, and there were only 800,000 males above that age(1789년에 조지 워싱턴이 대통령에 취임했을 때, [헌법이 비준된 직후] 미국 사회의 인구는 400만 명 이하였고, 그중에서 75만 명이 흑인이었다. 도시 주민이 많지 않았으며, 당시의 수도인 뉴욕의 인구는 3만 3,000명이었다. 통틀어 20만 명의 사람들이 당시 '도시 지역'이라고 정의되고 있던 장소, 즉 주민 수가 2,500명 이상인 장소에서 살고 있었다. 주민은 젊었으며, 평균 연령이 16세였고, 그 연령 이상의 남자는 30만 명밖에 없었다).³

'아메리카 합중국United States of America'이라는 이름을 처음 사용한 사람은 미국 독립전쟁의 당위성을 역설한 토머스 페인Thomas Paine, 1737~1809이었다. 그는 150만 권이 팔린 초대형 베스트셀러 『상

식Common Sense』(1776)의 저자였다. 그전에는 아무리 대담한 애국자라도 '식민지연합United Colonies'이라고 말했다.[4] the United States에 이어지는 동사가 are라는 복수 형태가 아니라 is라는 단수 형태로 된 것은, 즉 연방정부의 권력이 주권州權 위에 있음을 확인한 것은, 남북전쟁(1861~1865)의 게티스버그Gettysburg 전투(1863년) 이후였다.[5]

엄밀히 말하자면, America는 대륙 명칭이지 나라 이름이 아니다. America 대륙은 북미, 중미, 남미 세 부분으로 나뉘는데 미국은 그중 하나인 북미의 한 국가일 뿐이다. 따라서 미국인을 향해 "Are you America?", "Are you an American?"이라고 질문하는 것은 원칙적으론 옳지 않거니와 캐나다인과 중남미 사람들을 화나게 만들 수도 있다.

이와 관련, 임귀열은 "캐나다인 중에는 미국인에게 일부러 'Oh, you from the States?'라고 하는 사람이 있는데 이 표현에는 미국을 얕잡아 보려는 의도가 있다. 이 때문에 예민한 미국인은 이런 명칭에 불쾌한 표정을 짓는다. 캐나다인 대부분이 미국을 U.S.나 U.S.A. 혹은 The States로 부르는 이유는 America는 북미와 중남미 사람들이 공유하는 대륙 명칭이라고 생각하기 때문이다"며 다음과 같이 말한다.

"중미와 남미 사람들도 미국을 America라고 부르는 것이 옳지 않다고 말한다. 그런데도 세계인들이 곧잘 미국을 America라고 부르는 이유는 미국이 그렇게 홍보했기 때문이며 스스로 그렇게 부르기 때문이다. 게다가 United States of America를 살펴보면 이는 America 대륙에 있는 나라들을 모두 합친 합중국이라는 의미가 된다. 이 때문에 America 대륙 나머지 국가의 국민들이 서운함을 느끼는 것은 당연하다."[6]

캐나다와 중남미의 불만에도 미국의 'America 독식'은 미국 영어 곳곳에서 드러난다. USA라는 국명 외에도 미국에서 지금도 널리 쓰이는 Un-American, all-American이라는 단어들을 보자.

Un-American: Wicked, intolerable, heathenish(비미국적인: 사악한, 용납할 수 없는, 이단異端의). 미국 작가 앰브로즈 비어스Ambrose Bierce, 1842~1914가 『악마의 사전』(1906)에서 내린 정의다. heathen은 "비종교인, 이교도, 교양 없는 사람, 야만인, 비종교인[이교도]의", heathenish는 "이교(도)의; 이교도적인, 비그리스도교적인, 야만적인"이란 뜻이다.

all-American은 "전미 대표의, 모두 미국인으로 구성된, 가장 미국적인, 전미 대표선수, 가장 미국인다운 젊은이"란 뜻이다. 이 단어는 스포츠 분야에서 쓰이면서 clean-cut(모양이 말쑥하고 균형이 잡힌, 윤곽이 뚜렷한, 명확한, 명백한, 품위 있고 견실한), all-around excellence(다방면에 걸친 탁월성)란 뜻까지 갖게 되었다.[7]

1944년 스웨덴 경제학자 군나르 뮈르달Gunnar Myrdal, 1898~1987은 『미국의 딜레마』(1944)에서 미국은 인종적·종교적·민족적·지역적·경제적 이질성에도 "무언가 공통적인 것, 즉 사회적 에토스, 정치적 신조"가 있다며 이것에 대문자로 American Creed(미국의 신조)라는 이름을 붙였다. 그는 '미국의 신조'로 "개별적 인간들의 필수적 존엄, 모든 사람의 근본적 평등, 자유와 정의, 그리고 공정한 기회에 대한 천부적 권리"를 지적했다.[8]

For good or ill, America is what it is—a culture in its own right, with many characteristic lines of power and meaning of its own, ranking with Greece and Rome as one of the great distinctive civilizations of history(좋건 나쁘건 미국은 미국이다. 미국은 여러 특징적인 권력의 모습과 그 자체의 의미를 갖고 있는 독립적인 문화이다. 인류 역사의 위대한 문명 중 하나로서 그리스·로마와 견줄 수 있는 문화다).[9] 미국 저널리스트이자 사회학자인 막스 러너Max Lerner, 1902~1992가 『문명으로서의 미국America as a Civilization』(1957)에서 한 말이다.

America has always been not only a country but a dream(미국은 언제나 국가일 뿐만 아니라 꿈이었다).[10] 미국 칼럼니스트 월터 리프먼Walter Lippmann, 1889~1974이 1960년에 한 말이다.

America is a large, friendly dog in a very small room. Every time it wags its tail it knocks over a chair(미국은 아주 작은 방 속에 있는 큰 애견과 같다. 꼬리를 흔들 때마다 의자를 넘어뜨린다). 영국 역사학자 아놀드 토인비Arnold Toynbee, 1889~1975의 말이다.

Would be the world be a better place without America?(미국이 없었다면 세상이 더 나아졌을까?) 이런 질문과 관련, 장석정은 『미국 문화지도』(2003)에서 이렇게 말한다. "정확하고 공평한 분석이란 늘 어려운 것이지만, 생각건대 '오늘날 세계는 미국 때문에 더 나아졌다'라고 하는 편이 타당할 것이다. 미국을 반대한다고 말하는 사람들은 속으로는 반대하지 않으면서 말로만 그렇게 표현할 뿐인지도 모른다."[11]

미국에서
영국 영어는
'거만한 사투리'다

England and America are two countries divided by a common language(영국과 미국은 공통 언어로 분단된 두 나라다).[12] 아일랜드 작가 조지 버나드 쇼George Bernard Shaw, 1856~1950의 말이다. 그는 향후 100년만 지나도 서로 알아듣지 못할 것이라고 했다. 그 정도까진 아니었을망정 그의 예견은 상당 부분 들어맞았다. 당시엔 두 나라 엘리트 계층의 영어에 공통점이 많았던 때였기에 그의 예견을 의아하게 받아들인 사람이 많았다.[13]

When in 1889 and 1890 the states of Illinois and Wisconsin decided that English was to be the medium of instruction in schools, there was a great outcry from Germans and Scandinavians(1899년과 1890년 일리노이주와 위스콘신주가 학교에서는 영어가 교육 전달의 수단이 되어야 한다고 결정하자, 독

일과 스칸디나비아 출신으로부터 강한 항의가
터져 나왔다).[14]

미국 역사학자 숀 데니스 캐시
먼Sean Dennis Cashman, 1984~이 『도
금시대의 미국America in the Gilded
Age』(1984)에서 한 말이다. 오늘날의
'영어 전용English Only' 및 다문화주의
논쟁과 비슷한 갈등이었는데, 사실 미국에선
영어 사용을 둘러싸고 100년 넘게 치열한 갈등이 전개되었다. 버지
니아주에서는 1981년 영어를 공식 언어로 공표한 바 있고 2012년
기준으로 50개 주 중에서 30개 주에서 English Only 정책을 고수
했는데 대부분 1980년대 이후 이런 움직임이 강화되었다.[15]

Most important, the global culture speaks English—
or, better, American. In McWorld's terms, the queen's
English is little more today than a highfalutin dialect
used by advertisers who want to reach affected upscale
American consumers. American English has become the
world's primary transnational language in culture and
the arts as well as in science, technology, commerce,
transportation, and banking(가장 중요한 점은 세계 문화가 영어로
표현된다는 사실이다. 더 정확히 말하자면 미국식 영어가 세계 문화의 표현 수
단이 되었다는 이야기다. 맥월드의 기준에서 볼 때 영국식 영어는 미국의 상류
층 소비자들을 겨냥하여 광고회사에서 사용하는 거만한 사투리에 불과할 뿐이
다. 미국식 영어는 과학, 기술, 상업, 수송, 금융에서뿐만 아니라 문화, 예술에서

도 세계의 주요 언어로 자리 잡고 있다).[16]

미국 정치학자 벤저민 바버Benjamin R. Barber, 1939~2017가 『지
하드 대 맥월드Jihad vs. McWorld』(1995)에서 한 말이다. 맥월드는 당
시 전 세계에 2만 개가 넘는 점포를 자랑하던 맥도날드McDonald's와
세계를 뜻하는 world의 합성어로, 다국적 기업들이 전 세계를 누비
며 건설하는 자신들의 기업 제국 자체를 의미할 수도 있고 은유적으
로 이러한 식의 경제적 세계화
과정을 통한 통합된 세계를 지
칭하기도 한다.[17] highfalutin
은 "허세를 부리는, (문체 따위
가) 허풍 떠는, 과장된, 거만한,
우쭐한(=pompous, haughty,
pretentious)"이란 뜻이다.

American English
has a global role at the beginning of the 21st Century
comparable to that of British at the start of the 20th(미국 영
어가 21세기의 세계 영어 역할을 주도하고 있는데, 이것은 지난 세기에 영국 영
어가 그랬던 것과 같은 현상이다). 영국 BBC 뉴스(2011년 7월 13일)가 영
국인들을 불편하게 만드는 아메리카니즘에 대해 논평하면서 인용한
『옥스포드 사전의 세계 영어 가이드the Oxford Guide to World English』
의 내용이다.[18]

영국 특유의 영어 표현, 영국에서만 통용되는 표현을 British's,
혹은 Briticism이라고 말하는데, 영국인들은 Briticism이라는 용
어 자체를 싫어한다. 이에 대해 임귀열은 다음과 같이 말한다. "영

국인들이 자기네 영어 이외의 것을 US English, South African English, New Zealand English, Malaysian English 식으로 부르는 것은 정당한데 미국인들이 영국 표현을 두고 British's, Briticism식으로 부르는 것은 어불성설이라는 반응이다. 종주국의 표현을 따로 영국식이라 한다는 게 어폐가 있다는 주장이다.……영국인들 사이에서는 친구가 미국식 표현을 쓰면 눈총

을 주며 어디서 그런 억양과 표현을 배웠느냐는 냉소적 태도를 보인다. Ugly Americanism, Americanisms swamping English라며 예민한 반응도 보인다."[19]

미국에서도 마찬가지다. 언젠가 텔레비전 토크쇼 진행자 데이비드 레터먼David Letterman, 1947~이 같은 업종에 종사하는 오프라 윈프리Ophra Winfrey, 1954~를 조롱한 일이 있었다. 그녀에게 출연을 부탁하자 윈프리는 'I can't come to your show because I am on holiday'라고 말했다고 한다. 미국 영어로는 보통 'I am on vacation'이라고 말하는 것을 그녀가 영국 영어로 표현했다고 조롱한 것이다. 이에 대해 임귀열은 다음과 같이 말한다.

"이런 영어를 들으면 대부분의 미국인은 'It drives me crazy'라고 힐난한다. 왜 남들이 쓰는 언어를 사용하지 않고 별난 말을 사용

하느냐는 것이다. 마찬가지로 '내가 전화할게요'를 'I'll call you'나 'I'll phone you'라고 말하지 않고 'I'll ring you'라고 말하면 이맛살을 찌푸리며 고개를 갸우뚱한다. 어법상 문제가 있어서가 아니라 그런 영어는 호주나 영국에서 쓰라는 태도다. 심지어 'I'll make a decision'대신 'take a decision'이라고 말하면 미국인이 아니고 외국인 아니냐며 놀린다."[20]

양쪽이 잘 싸워보기 바란다. 그러나 영국의 지명 발음에 관한 한 Briticism이라고 부르는 게 옳을 것 같다. Souhtwark(서덕), Belvoir Castle(비버 캐슬), Dun Laoghaire(던리리), Leicester Square(레스터 스퀘어), Worcester Park(우스터파크), Warwick(워릭), Salisbury(솔즈베리), Edinburgh(에든버러), Blenheim(블레넘), Alnwick(애니크) 등 황당한 게 많다. 심지어 영국인들도 잘 모른다. 그래서 2015년 2월 초 구글이 지역 발음을 알려주는 기술을 특허 냈다는 소식에 영국인들도 환영했다. 이와 관련, 영국 런던대학 교육대학원의 영어학과 교수 존 오리건은 "나도 어떻게 발음하는지 모르는 지명이 많다"고 토로하면서 그 이유에 대해 다음과 같이 말했다.

"어원이 다양한 게 한 요인이다. 라틴어도 앵글로색슨 말도 있다. 노르만 정복에 따른 프랑스어, 바이킹에 의한 고대 스칸디나비아어의 영향도 받았다. 켈트어도 있다. 이들이 영국 전역 이곳저곳에 각기 다른 영향을 미쳤다. 바이킹 말이 북동쪽에서, 켈트어는 서쪽에 주로 흔적이 남아 있는 식이다. 또 15세기를 거치면서 표기법이 표준화됐는데 그래도 (음가와 무관한) 철자들이 살아남았다."[21]

왜
슬라브족이
노예의 어원이 되었는가?

In Han China, the word 'slave' derived from the word 'child', or 'wife and child'. Similiar unquestioning obedience was also imposed on the majority of humanity in most parts of the world, whether officially slave or not(중국 한나라 시대에 '노예奴隷'라는 말은 '아이' 또는 '아내와 아이'라는 말에서 생겨났다. 정식 노예건 아니건 간에, 이와 같은 의심할 여지가 없는 복종이 세계 대부분의 지역에서 대부분의 사람들에게 강제되었다).

Before twelve million Africans were kidnapped to be slave in the New World, the main victims were the Slave, who gave their name to slavery. Hunted by Romans, Christians, Muslims, Vikings and Tatars, they were exported all over the world. Slav came to mean foreigner;

most religions taught that it was acceptable to enslave foreigners(1,200만 명의 아프리카인들이 신세계로 납치되어 노예가 되기 전에는 슬라브족이 주요 희생자였다. 노예제도slavery라는 말 자체가 그들 슬라브족the Slavs한테서 유래했다. 그들은 로마인, 기독교도, 이슬람교도, 바이킹, 타타르족에게 사로잡혀 전 세계로 수출되었다. 슬라브라는 말은 외국인을 뜻하게 되었다. 대부분의 종교는 외국인은 노예로 삼아도 된다고 가르쳤다).[22]

영국 역사학자 테오도르 젤딘Theodore Zeldin, 1933~이 『인간의 내밀한 역사An Intimate History of Humanity』(1994)에서 한 말이다. 한 나라는 기원전 206년 유방이 건국한 고대 국가로, 후한이 멸망한 3세기 전반까지 존재한 왕조다. 러시아, 불가리아, 체코, 폴란드 등을 포함하는 슬라브족은 서기 900년까지 이교도異教徒, pagan로서 기독교를 믿는 유럽인들의 노예나 다를 바 없는 대접을 받았다. 실제로 수백 년간 시장에서 노예로 매매되기까지 했다. 이런 노예화는 슬라브족이 기독교로 개종하면서 끝났는데, 그 흔적은 slave라는 단어로 살아남 았다.[23]

The height of misery is to depend on another's will(다른 사람의 의지에 좌우되는 것이 최고의 불행이다).[24] 기원전 1세 기 시리아 출신의 로마 작가인 푸블릴리우스 시루스Publilius Syrus, B.C.85~B.C.43의 말이다. the height는 '절정, 극치', the height of power는 '권력의 절정', the height of pleasure는 '기쁨의 절정' 이란 뜻이다.

We use other people's feet when we go out, we use other people's eyes to recognise things, we use another person's memory to greet people, we use someone else's help to stay alive—the only things we keep for ourselves are our pleasures(우리는 밖에 나갈 때 다른 사람의 발을 이용하고, 사물 을 알아보기 위해 다른 사람의 눈을 이용하고, 사람들에게 인사하기 위해 다른 사람의 기억을 이용하고, 살아 있기 위해 다른 사람의 도움을 필요로 한다. 우리 에게 남는 것은 오직 쾌락뿐이다).[25]

고대 로마의 정치인 가이우스 플리니우스 세쿤두스Gaius Plinius Secundus, A.D.23~A.D.79가 서기 77년에 한 말이다. 방대한 『박물지 Natural History』를 저술한 그는 베수비오 화산의 분출을 직접 목격하고 싶어 화산에 너무 바짝 다가간 결과 죽고 말았다.

Every Roman was surrounded by slaves. The slave and his psychology flooded ancient Italy, and every

Roman became inwardly, and of course unwittingly, a slave. Because living constantly in the atmosphere of slaves, he became infected through the unconscious with their psychology. No one can shield himself from such an influence(모든 로마인들은 노예에게 둘러싸여 있었다. 노예와 노예들의 심리가 고대 이탈리아에 흘러넘쳤고 로마인은-물론 부지불식간이긴 하지만-내면적으로 노예가 되어버렸다. 언제나 노예들의 분위기 속에서 생활했기 때문에 무의식을 통해 노예의 심리에 젖어든 것이다. 이 같은 영향으로부터 자신을 방어할 수 있는 사람은 아무도 없다).[26]

스위스 정신의학자 칼 구스타프 융Carl Gustav Jung, 1875~1961이 『분석심리학 논고Contributions to Analytical Psychology』(1928)에서 한 말이다.

'What do others think?' It's only a slave who's always been obsessed with this way. Slaves must always look after their masters and follow their masters' orders. Even if there is something they don't want to do('남들이 뭐라고 생각할까?' 늘 이런 생각에 사로잡혀 사는 사람은 노예일 뿐이다. 노예는 늘 주인의 눈치를 살피고 주인의 명령을 따라야만 한다. 하기 싫은 일이 있을지라도).[27] 독일 철학자 아르투어 쇼펜하우어Arthur Schopenhauer, 1788~1860의 말이다.

미국에선 1844년까지 범죄자에게 소인을 찍기도 했는데, 소인이 찍힌 마지막 범죄자는 노예 폐지 운동가인 조너선 워커Jonathan Walker, 1799~1878였다. 그의 손바닥엔 SS라는 소인이 찍혔는데, 그건 'slave stealer'의 약자였다. 노예의 탈출을 도와주었다는 죄목이었다.[28]

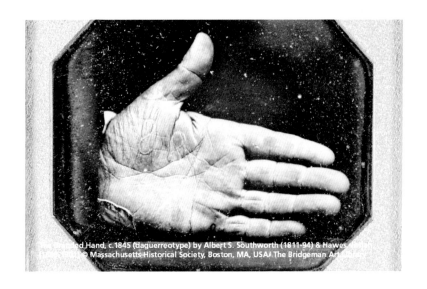
The Extended Hand, c.1845 (daguerreotype) by Albert S. Southworth (1811-94) & Hawes...
© Massachusetts Historical Society, Boston, MA, USA/ The Bridgeman Art...

slave driver는 '노예 감독(감시)자'를 뜻한다. drive cattle to pasture(소를 목장으로 몰아넣다)라는 표현이 시사하듯이, 노예를 가축으로 간주한 데서 비롯된 말이다. 노예와 관련해선 1807년경부터 사용된 말이며, 1846년경부터 '무자비한 주인(고용주), 학생에게 엄한 교사' 등과 같은 비유적 의미로 사용되기 시작했다.[29]

Whenever I hear anyone arguing for slavery, I feel a strong impulse to see it tried on him personally(누구든지 노예제도를 찬성하는 주장을 들을 때마다, 그 사람을 개인적으로 노예를 시켜 보면 어떨까 하는 강한 충동이 생깁니다).[30] 미국 제16대 대통령 에이브러햄 링컨Abraham Lincoln, 1809~1865의 말이다.

I never, in my life, felt more certain that I was doing right, than I do in signing this paper(이 서류에 서명하는 것보다

더 옳은 일을 하고 있다고 확신한 적이 없었다). 1863년 1월 1일 정오 링컨이 역사적인 노예해방 선언문Emancipation Proclamation을 발표하고 서명한 직후에 한 말이다. 'not', 'never' 등의 부정 뒤에 'more than'이 나오면 비교급을 써서 최상급을 표현하는 방식이다.[31]

All persons held as slaves within the rebellious states are, and henceforward shall be free(저항하는 주에서 노예로 잡혀 있는 모든 사람은 자유이며 앞으로도 그렇게 될 것이다). 719개 단어로 이루어진 노예해방 선언문 중에서 가장 많이 인용되는 구절이다. 'henceforward'는 '지금부터'라는 뜻의 부사로, 'henceforth'와 같은 뜻이다. 두 단어 모두 공식 문서에서나 볼 수 있고 일상 대화에서는 거의 쓰지 않는 사어死語에 가깝다.

정미경에 따르면, 이전까지 미국에서 1월 1일은 노예를 사고파는 날이었다. 이날이 되면 흑인 노예들은 쇠사슬에 묶인 채 경매에 끌

려나갔으며, 가족들과 헤어져 낯선 곳으로 팔려나갔다. 그래서 1월 1일은 'Heartbreak Day(상심의 날)'로 불렸는데, 노예해방 선언일은 상심의 날 종료일이기도 했다.[32]

They told me, "If you find a sleeping slave, don't wake him up. He may be dreaming of freedom." So I replied, "If you find a sleeping slave, you should wake him up and talk to him about freedom."(그들이 나에게 말했다. "만일 잠든 노예를 발견하면 그를 깨우지 마세요. 그는 자유를 꿈꾸고 있을지도 모르니까요." 그래서 내가 대답했다. "만일 잠든 노예를 발견하면 그를 깨우고 자유에 대해서 그와 얘기를 나누어야 합니다").[33] 레바논 출신의 미국 작가 칼릴 지브란Kahlil Gibran, 1883~1931의 말이다.

Silicon Valley

'실리콘 갈라파고스'의
특성은
무엇인가?

"나의 한국 고향과도 같은 충남 아산은 천안의 끝자락에서 아산방조
제까지 이어지는 자연이 아름다운 도시지만 '계곡'은 아니다. 그런데
최근 아산을 방문했을 때 곳곳에 'Art Valley Asan'이라고 적힌 표
지판들을 보고 깜짝 놀랐다. 영어로 valley는 산이나 언덕 사이 계곡
이나 골짜기 외에 다른 의미는 없다. 한국의 많은 다른 지역에서 '밸
리'를 종종 사용하는 것처럼, 아마 아산시 당국도 혁신적이고 미래지
향적인 도시라는 것을 나타내기 위해 실리콘밸리의 '밸리'를 차용했
을 것으로 생각된다."[34]

『코리아중앙데일리』 에디터 짐 불리Jim Bulley가 「'○○밸리'의
남용」이라는 칼럼에서 한 말이다. 맞다. 영어로 valley는 산이나 언덕
사이 계곡이나 골짜기 외에 다른 의미는 없다. 그럼에도 실리콘밸리
에서 태동한 IT 기업들의 성공이 워낙 눈부셔 세계 문명사에까지 큰

영향을 미치고 있는 만큼 '밸리'를 무슨 혁신의 대명사나 되는 것처럼
쓴다고 해서 탓할 일은 아니겠다.

　　Silicon Valley는 미국의 캘리포니아주 샌프란시스코만灣을
둘러싼 샌프란시스코 반도 초입에 있는 샌타클래라Santa Clara 일대의
첨단기술 연구단지를 말한다. 연구단지의 명칭은 반도체semiconductor
재료인 '실리콘(규소 수지)'과 완만한 기복으로 펼쳐지는 샌터클래라
계곡(밸리)에 의거한 조어造語로서, 1970년대 초부터 널리 쓰였다.

　　'밸리'를 혁신의 대명사나 되는 것처럼 쓰더라도 한 가지 명심
할 건 있다. 실리콘밸리의 링크드인LinkedIn 창업자 리드 호프먼Reid
Hoffman, 1967~의 다음 말을 유념하는 게 좋겠다. Silicon Valley is a
mindset, not a location(실리콘밸리는 장소가 아니라 사고방식이다).[35]
'마인드세트mindset'는 삶을 대하는 사고방식, 생각의 틀, 또는 심적
경향을 말한다. 예컨대, 'cold war mindset(냉전적 사고방식)'라고
하면 그게 무슨 말인지 실감이 날 것이다.[36]

University research departments usually toil, at least in theory, on behalf of the greater good. Stanford blurred the line between academic and for-profit work, a development that became core to the Silicon Valley worldview, absorbed and propagated by countless companies cycling through the Research Park. Hitting it big in the tech business and advancing human welfare, the thinking went, were not only compatible, they were one and the same(대학 연구기관은 적어도 이론상으로는 대체로 공공의 이익에 봉사한다. 스탠퍼드는 한 발 더 나아가 학술연구와 영리활동의 경계를 허물었다. 이런 진전이 실리콘밸리의 핵심 세계관으로 자리 잡았고, 연구단지를 거쳐간 무수한 기업에 흡수되어 널리 퍼졌다. 이 사고방식은 첨단기술 산업에서 크게 성공하는 활동과 인간의 복리福利를 늘리는 활동이 양립할 수 있을뿐더러, 두 활동이 하나라는 생각으로 이어졌다).

These conditions made 1950s Santa Clara what Margaret O'Mara, a prominent historian of Silicon Valley, has called a silicon Galapagos. Much as those islands' peculiar geology and extreme isolation produced one-of-a-kind bird and lizard species, the Valley's peculiar conditions produced ways of doing business and of seeing the world that could not have flourished anywhere else—and led ultimately to Facebook, YouTube, and Twitter(실리콘밸리를 연구한 저명한 역사가 마거릿 오마라의 표현을 빌리자면, 샌타클래라는 이런 여건에 힘입어 1950년대에 '실리콘 갈라파고스'가 되었다. 갈라파고스제도의 특이한 지형과 극도로 고립된 환경이 이 세상 어디에서도 보기 어려운 새와 도마뱀을 낳았듯, 실리콘밸리의 특이한 여건이 다른 곳이었다면 꽃을 피우지 못했을 여러 사업 방식과 세계관을 낳았다. 그리고 마침내 오늘날 페이스북, 유튜브, 트위터가 태어났다).[37]

『뉴욕타임스』 기자 맥스 피셔Max Fisher가 『혼란 유발자들: 인간 심리의 취약점을 이용하는 소셜미디어의 뒷이야기』The Chaos Machine:

The Inside Story of How Social Media Rewired Our Minds and Our World』(2022)에서 한 말이다. 전 세계적으로 쓸 수 있는 제품인데도 자국 시장만을 염두에 두고 제품을 만들어 글로벌 경쟁에 뒤처지는 현상을 가리켜 '갈라파고스 신드롬Galapagos Syndrome'이라고도 한다.[38]

Silicon Valley folks don't really respect Hollywood creative types, and the

Hollywood folks think that tech folks are people you hire and never have to meet. Pixar was one place where both cultures were respected(실리콘밸리 사람들은 할리우드의 독창적인 유형들을 별로 존중하지 않아요. 그리고 할리우드 사람들은 기술 분야 사람들을 필요할 때 쓰면 되지 만나서 교류하고 그럴 대상은 아니라고 생각하고요. 픽사는 할리우드의 문화와 기술 분야의 문화를 모두 존중하는 곳이었어요).[39]

애플의 스티브 잡스Steve Jobs, 1955~2011가 픽사의 성공을 회고하면서 한 말이다. 잡스는 1986년 컴퓨터 애니메이션 영화를 만들어보겠다는 포부를 갖고 영화 제작자 조지 루커스George Lucas, 1944~에게서 픽사 애니메이션Pixar Animation을 인수했다. 그리고 그는 1995년 컴퓨터 애니메이션 〈토이 스토리Toy Story〉를 출시해 대성공을 거두었다. 이 성공의 후광에 힘입어 그는 1997년 만성적인 적자에 허덕이고 있던 애플의 CEO로 복귀할 수 있었다.

『타임』은 1999년 10월 18일, 표지 인물로 잡스를 선정하면서 "애플은 기술을 창조하기 위해서 예술을 사용한다. 픽사는 예술을 창조하기 위해서 기술을 사용한다"고 했다.[40] 같은 맥락에서 잡스는 이후 프레젠테이션을 할 때마다 다음과 같이 말하기도 했다. We've always tried to be at the intersection of technology and liberal arts(애플은 기술과 인문학의 교차로에 있다).[41]

The young, testosterone-fueled geek culture has revved up the ideal worker standard to a superman level. Work hours are not just extreme, they eat you alive.…… Work is routinely done in an exhausting last-minute, seat-of-the-pants, save-the-day "hero mind-set."……That mind-set "is sending the message that those who have family responsibilities need not apply."(젊은 남성들 위주로 돌아가는 실리콘밸리의 문화는 '이상적인 노동자'의 기준을 초인적인 수준으로 끌어올렸다. 노동시간은 비인간적인 정도가 아니라 사람을 산 채로 잡아먹을 만큼 길다.……일은 보통 마감 시간 직전에, 육감에 의존해서, 당장 실패만 모면하고 보자는 '영웅적 사고방식'에 따라 진행된다.……그런 사고방식은 "가족을 돌봐야 하는 사람들은 지원하지도 말라는 메시지를 보내는 것과 다름없다").

testosterone(테스토스테론)은 '남성 호르몬', testosterone-heavy는 '테스토스테론이 많은, 공격적인(=aggressive)', geek는 '학교 공부나 컴퓨터만 좋아하는 괴짜', rev up은 '회전속도를 올리다', seat-of-the-pants는 '육감과 경험에 의한, 반사적인, 계기計器에 의존하지 않는', save the day는 '가까스로 성공하다, 해내다, 해결하다'는 뜻이다. Oh, you save the day(오, 네 덕에 살았어).

Marianne Cooper, a sociologist who has studied extreme work hours in Silicon Valley, said that working to the point of collapse to meet impossible deadlines has become a way to prove manliness and status in the high-tech world. "There's a lot of.……He's a real man; he

works 90-hour weeks. He's a slacker, he works 50 hours a week," engineers told Cooper(실리콘밸리의 살인적인 장시간 노동에 관해 연구한 적이 있는 사회학자 마리앤 쿠퍼는 하이테크의 세계에서는 너무 빠듯해서 지키기가 불가능한 마감 시간을 지키기 위해 쓰러지기 직전까지 일하는 것이 남자다움과 지위를 입증하는 방법이 됐다고 말했다. "'저 사람은 진짜 사나이야, 일주일에 90시간 일한대', '저 사람은 게으름뱅이야. 일주일에 50시간만 일한대'라는 말들이 오간다는 겁니다").[42]

미국 언론인 브리짓 슐트Brigid Schulte, 1962~가 『타임 푸어 Overwhelmed: How to Work, Love, and Play When No One Has the Time』 (2014)에서 한 말이다. 그런 살인적인 노동 문화를 긍정하긴 어렵지만, 이른바 '워라밸work-life balance'을 외치거나 반反기업 정서를 갖고 있으면서 동시에 실리콘밸리와 경쟁하겠다고 외치는 건 넌센스라고 보아야 하지 않을까?

회사는
주차장 크기만큼
성장한다

자동차를 무엇이라고 부를 것인가? '말이 끌지 않는 마차horseless carriage'에서부터 '모터사이클motorcycle'에 이르기까지 그간 수십 가지 이름이 나왔다가 'auto-mobile'이라는 이름으로 정착된 것은 1899년이었다. 라틴어 'carrus(이륜마차)'에서 나온 car는 16세기부터 영어에서 여러 종류의 마차를 뜻하는 단어로 쓰였기 때문에 1910년부터 auto-mobile을 대신할 수 있는 말로 대중에게 인식되었다.

초기의 기술발전은 거의 독일에서 이루어졌지만, 최초의 대규모 자동차 제조업자는 프랑스인이었기 때문에 자동차와 관련된 많은 프랑스 단어가 영어에 유입되었다. chassis(차틀), garage(차고), chauffeur(운전사), carburetor(기화기), coupe(2인승 차),

limousine(대형 고급 승용차) 등이 바로 그것이다.

    limousine은 원래 프랑스 리무진 지역의 양치기들이 입는 무거운 망토를 가리키는 단어였는데, 바깥 공기에 노출된 채 앉아 있어야 했던 초기의 운전사들이 이 망토를 걸쳤다. 이 단어가 운전사에서 차로 점점 옮겨가 1902년에는 영어 단어가 되었다. 처음엔 운전석과 칸막이가 되어 있는 고급 자동차를 리무진이라고 했는데, 이는 1902년 첫 선을 보였다.[43]

    The automobile changed our dress, manners, social customs, vacation habits, the shape of our cities, consumer purchasing patterns, common tastes, and positions in intercourse(자동차는 우리의 의복, 매너, 사회 관습, 휴

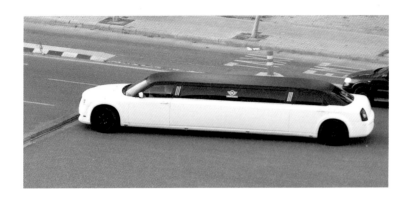

가 습관, 도시의 모습, 소비자 구매 패턴, 흔한 취향, 성교의 자세마저 변화시켰다).[44] 작가 존 키츠John Keats가 『오만한 4륜마차The Insolent Chariots』(1958)에서 한 말이다.

insolent chariots는 미국의 문명 비평가 루이스 멈퍼드Lewis Mumford, 1895~1990가 1957년 6월 12일 네덜란드 헤이그에서 열린 제13회 국제지방자치단체총회 연설에서 유럽과는 달리 실용성보다는 허세만 부리는 미국 자동차를 공중 교통수단 중 가장 비효율적이고 비싼 흉물덩어리monstrosities라고 비판하면서 쓴 말이다.[45]

Although it may be true to say that an American is a creature of four wheels, and to point out that American youth attributes much more importance to arriving at driver's-license age than at voting age, it is also true that the car has become an article of dress without which we feel uncertain, unclad, and incomplete in the urban compound(미국인이 바퀴 4개의 노예이며, 미국 젊은이들이 투표할 수 있

는 나이에 이르는 것보다 운전면허를 딸 수 있는 나이에 이르는 것에 더 중요한 의미를 둔다는 것은 모두 틀림없는 사실이겠지만, 도시 생활에서 자동차가 없으면 의복이 없을 때처럼 불편하고 발가벗고 있는 듯 불완전하게 느껴지는 것 또한 사실이다).[46]

캐나다의 미디어 학자 마셜 매클루언Marshall McLuhan, 1911~1980 이 『미디어의 이해Understanding Media』(1964)에서 한 말이다.

If the academic study of cars were given space relative to their importance in American life, it would fill at least 40 percent of our libraries(자동차가 미국인의 삶에서 차지하는 중요성에 상응하는 연구가 학계에서 이루어진다면, 그렇게 해서 나오는 책이 적어도 우리 도서관 책의 40퍼센트는 차지할 것이다).[47]

미국 MIT 교수 린우드 브라이언트Linwood Bryant가 1975년에 한 말이다. 반농담으로 한 말이겠지만, 새겨들을 만한 가치는 있다. 같은 맥락에서, 프랑스 철학자 장 보드리야르Jean Baudrillard, 1929~2007가 지적했듯이, 미국 사회에 관해 알아야 할 필요가 있는 모든 것은 정치 사상보다는 미국인들의 자동차 문화와 운전 행태에서 훨씬 더 많이 배울 수 있다는 주장도 있다.[48]

A major casualty of America's drive-in cultrure is the weakened 'sense of community' which prevails in most metropolitan areas.······The real shift, however, is the way in which our lives are now centered inside the house, rather than on the neighborhood or the community. With increased use of automobiles, the life of the sidewalk and the front yard has largely disappeared, and the social intercourse that used to be the main characteristic of urban life has vanished.……There are few places as desolate and lonely as a surburban street on a hot afternoon(미국인의 자동차 문화가 초래한 주요 손실은 대부분의 광역권 도시에 만연한 '공동체 의식'의 약화이다.……그러나 정말 중요한 변화는 이제 우리의 삶이 이웃과 공동체를 중심으로 하지 않고 집 안에 집중되는 현상이다. 자동차의 이용이 계속 늘어나면서 앞마당과 길에서 이루어지던 이웃과의 만남은 거의 사라졌고, 한때는 교외 생활의 주요 특징을 이루던 활발한 사회적 교섭은 자취를 감춰왔다.……뜨거운 오후의 교외 지역 길거리보다 황량하고 외로운 장소는 별로 찾기 어렵다).[49]

미국의 도시 역사가 케네스 T. 잭슨Kenneth T. Jackson, 1939~이 『잡초 프론티어: 미국의 교외화 현상Crabgrass Frontier: The Suburbanization of the United States』(1985)에서 한 말이다. crabgrass는 잡초의 일종인 '바랭이'를 말한다.

Of all the megachurches, the most interesting from a marketing point of view is one just southwest of Chicago called Willow Creek Community Church.……On one side of the 'campus'—and that's what it's called in the church literature—is a greensward, on another side is a five-acre reflecting pond, and in between are the black slabs of endless parking. And I mean endless—3,100 spaces. Rule number one of modern retailing: you are only as big as your parking lot. As I write this, the lot is currently being ripped up to accommodate still larger additions to the

main building(모든 초대형 교회 중 마케팅의 관점에서 볼 때 가장 흥미로운 곳은 시카고 남서부에 있는 윌로우 크릭 커뮤니티 교회이다.……캠퍼스(이 교회에서는 정말로 이렇게 부른다) 한쪽으로 푸른 잔디가 있고 다른 한쪽으로 5에이커에 달하는 반짝이는 연못, 그리고 그사이에 끝도 없이 펼쳐진 검은 바닥의 주차장이 있다. 주차장은 말 그대로 끝도 없는데 무려 3,100대의 공간이 갖추어져 있다. 현대 소매업 제1법칙은 "회사는 주차장 크기만큼 성장한다"는 것이다. 지금 이 글을 쓰고 있는 동안에도 윌로우 크릭은 본관 주차장을 넓히기 위해 공사를 하고 있다).[50]

　　미국 영어학자이자 작가인 제임스 트위첼James B. Twitchel, 1943~이 『대학 교회 박물관의 브랜드 마케팅 스토리』(2004)에서 한 말이다. greensward는 '잔디밭', reflecting은 '반사하는, 반영하는', slab은 '평판平板', rip up은 '잘라서 만들다'는 뜻이다.

제6장

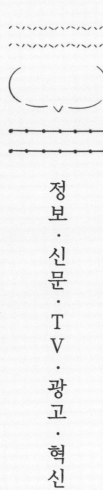

정보 · 신문 · TV · 광고 · 혁신

베를린 장벽은 어떻게 붕괴되었는가?

information(정보)은 '형태를 만들어주는'이란 뜻을 가진 라틴어 informare에서 나온 말로, 생각이나 마음의 어떤 것을 형태화한 것이라는 의미다. info로 줄여 쓰기도 한다. 이 단어가 오늘날과 같은 의미로 쓰이게 된 건 오래 되지 않는다. 1948년 미국 수학자 클로드 셰넌Claude Shannon, 1916~2001이 쓴 논문에서 최초로 사용되었다. 셰넌조차도 1939년 자신의 새로운 아이디어를 소개한 글에서 information 대신 intelligence라는 단어를 사용했다.[1]

information 앞에 'mis-(=bad, wrong)'라는 접두어가 붙으면 실수든 아니든 '오보', '잘못된 정보wrong information'를 의미한다. 반면 'dis-(=against)'가 붙으면 '반대되는', '역방향의' 뜻이 더해져 일부러 속이기 위해 흘리는 엉뚱한 정보라는 뜻이 된다.[2] disinformation을 넓은 의미의 '거짓 정보false information라고도 하

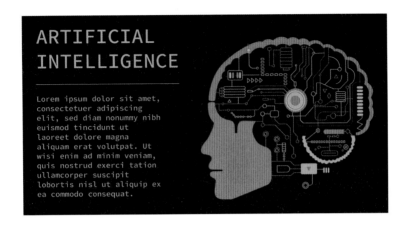

ARTIFICIAL
INTELLIGENCE

Lorem ipsum dolor sit amet,
consectetuer adipiscing
elit, sed diam nonummy nibh
euismod tincidunt ut
laoreet dolore magna
aliquam erat volutpat. Ut
wisi enim ad minim veniam,
quis nostrud exerci tation
ullamcorper suscipit
lobortis nisl ut aliquip ex
ea commodo consequat.

지만 정확하게 말하자면, 역정보逆情報다.

　정부 기관에서 어떤 목적을 위해 허위 정보를 유포한다면, 그게 바로 disinformation이다. 그런데 커뮤니케이션 학자 닐 포스트먼 Neil Postman, 1931~2003은 여기서 한 걸음 더 나아가 disinformation 의 적용 범위를 텔레비전 뉴스가 오락적 가치에 충실할 때 나타날 수 있는 현상으로까지 확장시킨다. 그는 『죽도록 즐기기: 쇼 비즈니스 시 대의 공적 담론Amusing Ourselves to Death: Public Discourse in the Age of Show Business』(1985)에서 다음과 같이 말한다.

　Disinformation does not mean false information. It means misleading information—misplaced, irrelevant, fragmented or superficial information—information that creates the illusion of knowing something but which in fact leads one away from knowing. In saying this, I do not mean to imply that television news deliberately aimes to deprive Americans of a coherent, contextual understanding of their world. I mean to say that when news is packaged as entertainment, that is the inevitable result(역정보란 잘못된 정보를 말하는 게 아니다. 그보다는 오해하도록 유도하는 정보, 뭔가 알고 있는 것 같은 착각을 불러일으키지만 실제로는 엉뚱한 쪽으로 이끌어가는 정보[제 위치를 벗어난 정보, 상황에 맞지 않는 정보, 단편적인 정보, 피상적인 정보]를 뜻한다. 그렇다고 텔레비전이 고의적으로 미국인들이 세계를 일관성 있고 합리적으로 이해하지 못하도록 막고 있다는 뜻은 아니다. 그보다는 뉴스가 오락물처럼 그럴듯하게 포장될 때 그런 결과는 불가피하다는 뜻이다).[3]

We'll know our disinformation program is complete when everything the American Public believes is false(우리는 미국 대중이 모든 것을 거짓이라고 믿을 때 역정보가 완성되었다고 본다).[4] 미국 CIA가 2015년 초에 밝힌 말이다.

When the press talks about my successes as Senate majority leader they always emphasize my capacity to persuade, to wheel and deal. Hardly anyone ever mentions that I usually had more and better information than my colleagues(언론은 내가 상원 원내총무로서 거둔 성공을 이야기할 때 설득하거나 권모술수를 쓸 수 있는 나의 능력을 늘 강조하지요. 내가 나의 동료 상원의원들보다 더 많은 고급 정보를 갖고 있었다는 걸 말하는 기자는 없습니다).

미국 제36대 대통령 린든 존슨Lyndon B. Johnson, 1908~1973이 리더십 전문가 존 가드너John W. Gardner, 1912~2002에게 한 말이다. 가드

너는 존슨 행정부에서 후생부 장관을 지냈다. 존슨의 말은, 리더는 정보력이 뛰어나야 한다며 가드너가 제시한 사례다.[5]

1989년 11월 9일 역사적인 베를린 장벽의 붕괴는 불과 2개월 전인 1989년 9월 4일 동독GDR: German Democratic Republic 라이프치히Leipzig의 니콜라이 교회에서 재개된 월요 평화기도회에서 시작되었다. 9월 25일에 5,000명이던 시위대는 10월 23일 32만 명까지 불어났다. 이날 전국적으론 67만 5,000여 동독인들이 시위에 참여했으며, 10월 30일에는 100만 명을 넘어섰다. 11월 9일 동독공산당 정치국이 여행 자유화 조치를 승인했지만, 서베를린을 자유롭게 왕래할 수 있도록 허용하는 더 대범한 결정이 있을 것이라는 소문이 퍼지면서 국경 수비대는 장벽에서 몰려드는 군중에게 굴복하고 말았다.[6]

불과 몇 주 만에 5,000명이던 시위대가 어떻게 100만 명을 넘어설 수 있었을까? 이를 설명할 수 있는 개념이 바로 'information cascade'다. 'informational cascade'라고도 하며, 우리말로는 '정보의 폭포 현상' 또는 '정보 연쇄 파급 효과'라고 한다. 이는 정보가 폭포처럼 쏟아져 나오면서 원하는 정보를 찾기가 점점 어려워짐에 따라 개인들이 다른 사람들의 결정을 참고해 자신의 의사를 결정하는 현상을 말한다. 예를 들어 인터넷에서 물건을 구매할 때 다른 고객들이 어떤 제품을 주로 구매했는지를 참고해서 '따라하기'식의 구매를 하거나, 주식투자나 외환거래 등 금융거래시 리스크를 줄이기 위해 다른 사람의 동향에 관심을 갖는 등의 행동이 이에 해당한다.[7]

정보의 폭포 현상은 '인식의 공유shared awareness'로 인해 일어나는데, 여기엔 3단계가 있다. 1단계는 모두가 무엇인가를 아는 단계, 2단계는 모두가 알고 있음을 모두가 아는 단계, 3단계는 모두가 알고 있음을 모두가 알고 있다는 사실을 모두가 아는 단계다. 뉴욕대 교수 클레이 서키Clay Shirky, 1964~는 『끌리고 쏠리고 들끓다: 새로운 사회와 대중의 탄생Here Comes Everybody: How Change Happens When People Come Together』(2008)에서 베를린 장벽의 붕괴를 이 3단계 과정으로 설명했다.

Many people in the GDR figured out for themselves that the government was corrupt, and that life under that government was bad; this is the "everyone knows" condition. Over time many of those same people figured out that most of their friends, neighbors, and colleagues knew that as well—"everyone knows that everyone knows." At this point the sentiment was widespread but because no one was talking about what everyone knew, the state never had to respond in any formal way. Finally people in Leipzig could see others acting on the knowledge that the GDR was rotten—"everyone knows that everyone knows that everyone knows." (많은 동독인들은 정부가 부패했고, 그런 정부 아래에서의 삶이 고단하다는 사실을 알게 되었다. 이는 '모두가 아는' 단계다. 시간이 흐르면서 그들 중 상당수는 자기들 친구, 이웃, 동료들 대부분도 그 사실을 알고 있음을 알게 되었다. '모두가 알고 있음을 모두가 아는' 단계다. 그러나 이 단계에서 집단행동이 촉발되지는 않는다. 감정은 널리 확산되어 있지만, 모두가 무엇을 알고 있는지 발설하는 사람이 없기 때문이다. 당국이 공식적으로 응답할 필요는 없었던 셈이다. 그러나 마침내 라이프치히 시민들이 동독이 부패한 나라라는 사실을 알고 행동에 나서고 있는 다른 사람들 모습을 보게 되었다. 바로 '모두가 알고 있음을 모두가 알고 있다는 사실을 모두가 아는'

단계가 된 것이다).[8]

More information and more openness can, perversely, feed more mistrust and more wild speculation: The more we know, the more we realize just how in the dark we truly are. For someone like myself, professionally tasked with reporting facts about the world, this experience has a special paralyzing force(정보가 더 많이 공개될수록 희한하게도 불신과 억측은 더 커진다. 아는 게 많아질수록 사실은 우리가 얼마나 깜깜한 곳에서 살고 있는지를 깨닫는 것이다. 세상사를 알리는 일이 직업인 나 같은 사람에게 이런 경험은 극복하기 힘든 무력감을 준다).[9]

미국 언론인 크리스토퍼 헤이즈Christopher Hayes, 1979~가 『똑똑함의 숭배Twilight of the Elites: America After Meritocracy』(2012)에서 한 말이다. perverse는 '뜻대로 안 되는, (사고방식·태도가) 비뚤어진[삐딱한]'이란 뜻이다. His perverse fate still unhappily pursued him(뜻대로 되지 않는 운명이 불행하게도 아직 그를 따라다니고 있었다). She seemed perversely proud of her criminal record(그녀는 자신의 전과에 대해 비뚤어진 자부심을 갖고 있는 듯 보였다).[10]

신문을 찬양하던
토머스 제퍼슨의
변신

신문이라고 하면 우리는 당장 newspaper를 떠올리지만, gazette 도 신문이다. 이 단어의 기원엔 2가지 설이 있다. 첫째, 16세기 이탈리아 베네치아에서 쓰이던 작은 구리 동전인 gazeta 하나면 정부가 발행하는 신문을 살 수 있었던 데에서 비롯되었다는 설이다. 둘째, 신문이 세상 소식을 전하는 걸 까치의 울음소리에 비유해 까치를 뜻하는 gazza에서 비롯되었다는 설이다.[11]

　　editorial은 (신문의) '사설(논설)'이란 뜻이다. editor(편집자, 편집장)에 의해 쓰인 글이라는 뜻으로 1830년 미국에서 만들어진 말이다. 1920년대에 칼럼니스트나 초빙 기고자들의 글은 사설란의 반대쪽opposite the editorial page에 싣는 관행이 정착되면서 "op-ed"라 부르게 되었다.[12] Writing good editorials is chiefly telling the people what they think, not what you think(좋은 논설을

쓰기 위해선 독자들에게 당신이 생각하는 것이 아니라 그들이 생각하는 것을 말해야 한다).[13] 미국의 언론인이자 홍보인인 아서 브리즈번Arthur Brisbane, 1864~1936의 말이다.

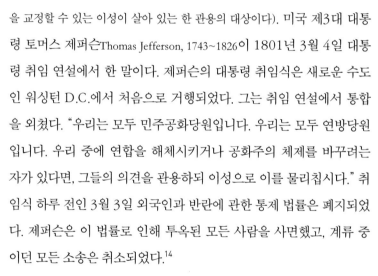

Error of opinion may be tolerated where reason is left free to combat it(의견의 오류는 그것을 교정할 수 있는 이성이 살아 있는 한 관용의 대상이다). 미국 제3대 대통령 토머스 제퍼슨Thomas Jefferson, 1743~1826이 1801년 3월 4일 대통령 취임 연설에서 한 말이다. 제퍼슨의 대통령 취임식은 새로운 수도인 워싱턴 D.C.에서 처음으로 거행되었다. 그는 취임 연설에서 통합을 외쳤다. "우리는 모두 민주공화당원입니다. 우리는 모두 연방당원입니다. 우리 중에 연합을 해체시키거나 공화주의 체제를 바꾸려는 자가 있다면, 그들의 의견을 관용하되 이성으로 이를 물리칩시다." 취임식 하루 전인 3월 3일 외국인과 반란에 관한 통제 법률은 폐지되었다. 제퍼슨은 이 법률로 인해 투옥된 모든 사람을 사면했고, 계류 중이던 모든 소송은 취소되었다.[14]

The man who reads nothing at all is better educated than the man who reads nothing but newspapers(아무것도 읽지 않는 사람이 오직 신문만 읽는 사람보다 더 낫다). 미국 제3대 대통령 토머스 제퍼슨Thomas Jefferson, 1743~1826의 말이다. 놀라운 변화다. 그는 대통령이 되기 전인 1787년 오늘날까지도 자주 인용되는, 다음과 같은 불후의 명언을 남겼으니 말이다. Were it left to me

to decide whether we should have a government without newspapers or newspapers without government, I should not hesitate a moment to prefer the latter(내가 결정할 수 있는 상황이라면 나는 단호하게 신문이 없는 정부보다 정부가 없는 신문을 택하겠다).

제퍼슨은 신문을 "국가의 유일무이한 경종the only tocsin of a nation"이라고도 했다. 앞서 보았듯이, 제퍼슨은 대통령 취임 연설에서도 멋진 말을 했다. 그러나 제퍼슨은 대통령 취임 후 언론과의 갈등이 벌어지자 언론에 대해 혹독한 비판을 서슴치 않았음은 물론 실제로 적지 않은 언론 탄압을 했다. 제퍼슨은 신문을 읽고 이 세상 돌아가는 것을 조금이라고 안다고 믿는 사람들을 불쌍히 여겼을 뿐만 아니라, 바로 이와 같은 말까지 하게 된 것이다.[15] 그는 심지어 이런 말까지 했다. The most truthful part of a newspaper is the advertisements(신문에 실린 것 중 가장 진실한 것은 광고다).[16]

Four hostile newspapers are more to be feared than a thousand bayonets(4개의 적대적인 신문이 1,000명의 병력보다 더 무섭다). 나폴레옹 보나파르트Napoléon Bonaparte, 1769~1821의 말이다. 4개가 아니라 3개라고 소개된 인용 사전들도 있다.[17]

The advertisements in a newspaper are more full of knowledge in respect to what is going on in a state or community than the editorial columns are(신문에 실린 광고는 논설 칼럼들에 비해 나라 또는 지역 내에서 일어나고 있는 일과 관련된 지식을 더 많이 담고 있다).[18] 미국의 목사이자 노예 폐지 운동가였던 헨리 워드 비처Henry Ward Beecher, 1813~1887의 말이다.

If words were invented to conceal thought, newspapers are a great improvement of a bad invention(언어가 생각을 감추기 위해 발명되었다면 신문은 나쁜 발명의 큰 개선이다).[19] 미국 초월주의 작가 헨리 데이비드 소로Henry David Thoreau, 1817~1862의 말이다.

All I know is what I read in the papers(제가 아는 거라고는 단지 신문에서 읽은 게 전부입니다). 이 말의 앞에 "저는 그냥 보통사람일 뿐입니다"라는 말이 생략되었다고 보면 된다. 1920년대에 미국 코미디언 윌 로저스Will Rogers, 1879~1935가 즐겨 써서 유행하게 된 표현이다.[20]

From the American newspapers you'd think America
was populated solely by naked women and cinema
stars(미국 신문만 보면 미국엔 오직 벌거

벗은 여자들과 영화배우들만 사는 것
같다).[21] 미국 태생의 영국 정치
인 낸시 애스터Nancy Astor, 1879
~1964의 말이다. 그는 영국 하원
의원의 자리에 앉은 최초의 여성
이었다.

Newspapers help you forget
the previous day(신문은 하루 전의 일들을 잊는 데에 도움을 준다).[22] 불
가리아 출신의 영국 작가이자 문화인류학자인 엘리아스 카네티Elias
Canetti, 1905~1994의 말이다.

The difference between burlesque and the
newspapers is that former never pretended to be
performing a public service by exposure(풍자시와 신문의 차이
점은 풍자시는 폭로에 의해 공적 서비스를 수행하는 척하지 않는다는 것이다).[23]
미국의 독립 언론인 I. F. 스톤I. F. Stone, 1907~1989이 1952년에 한 말
이다. burlesque는 '풍자시, 익살극'인데, a burlesque of high
and low life(상류사회와 하류사회를 비꼰 익살극)처럼 고상한 것이나
저속한 것을 각기 반대되는 요소와 관련지어 비꼬는 것이 특징이다.
travesty는 burlesque에서 익살맞은 요소가 강한 것을 말한다.[24]

The fact that a man is a newspaper reporter is
evidence of some flaw of character(어떤 사람이 신문 기자라고

하는 사실은 그의 인성人性에 어떤 결함이 있다는 증거다).[25] 미국 제36대 대통령 린든 존슨Lyndon B. Johnson, 1908~1973의 말이다.

Whenever I was upset by something in the papers, [Jack] always told me to be more tolerant, like a horse flicking away flies in the summer(내가 신문 기사 때문에 속상해할 때마다 잭[존의 애칭]은 늘 내게 여름에 파리를 떨어버리는 말처럼 신경 쓰지 말라고 했다).[26] 미국 제35대 대통령 존 F. 케네디John F. Kennedy, 1917~1963의 부인이었던 재클린 케네디 오나시스Jacqueline Kennedy Onasis, 1929~1994의 말이다.

Newspaperman ask dumb questions. They look up at the sun and ask you if it is shining(신문기자들은 멍청한 질문을 던져요. 태양을 쳐다보면서 당신에게 그게 빛나고 있느냐고 묻는 식이지요).[27] 미국 권투선수 소니 리스턴Sonny Liston, 1932~1970의 말이다.

television

TV는
화면이 나오는
토스터일 뿐이다

The nature of both TV and radio is that they abhor silence and 'dead time'. All TV and radio discussion programs are compelled to snap question and answer back and forth as if the contestants were adversaries in an intellectual tennis match. Although every experienced newspaperman and inquirer knows that the most thoughtful and responsive answers to any difficult question come after long pause, and that the longer the pause the more illuminating the thought that follows it, nonetheless the electronic media cannot bear to suffer a pause of more than five seconds; a pause of thirty seconds of dead time on air seems interminable. Thus, snapping their two-and-a-half-minute answers back and forth, both candidates could only react for the cameras and the people, they could not think(TV와 라디오 두 매체의 본성은 근본적으로 침묵하거나 '죽은 시간'[방송에서 아무 소리도 나가지 않는 시간]을 싫어한다는 점이다. 모든 TV와 라디오 토론 프로그램은 느닷없는 질문과 숨가쁜 대답이 마치 테니스 공처럼 오가도록 강요한다. 노련한 기자나 질문자들은 어려운 질문일수록 생각할 시간이 길어야 대답이 조리 있고 사려 깊게 된다는 것을 잘 안다. 그러나 TV나 라디오 같은 전자매체는 단 5초의 멈춤도 허용치 않는다. 따라서 30초의 죽은 시간이란 방송에서는 상상도 할 수 없다. 그래서 2분 30초짜리 질문과 대답을 숨가쁘게 주고받는 두 후보자는 단지 사람과 카메라에 반응하는 것일 뿐 생각하는 것은 전혀 아니다).[28]

　　미국 언론인 시어도어 화이트Theodore White, 1915~1986가 1961년에 출간한 『1960년의 대통령 만들기The Making of the Predident: 1960』라는 책에서 한 말이다. 1960년 대선의 백미는 대통령 선거사상 최초

로 시도된, 공화당 후보 리처드 닉슨Richard M. Nixon, 1913~1994과 민주당 후보 존 F. 케네디John F. Kennedy, 1917~1963가 맞붙은 텔레비전 토론이었다.

interminable은 "(지겹고 짜증날 정도로) 끝없이 계속되는(=endless)", an interminable time은 '영구永久히', an interminable task는 '끝이 없는 일', have an interminable talk는 '끝없이 지껄이다'는 뜻이다. 30초의 죽은 시간은 '겨우 30초'가 아니라 '끝없는 침묵'으로 여겨지는, 상상도 할 수 없는 일이란 뜻으로 이해하면 되겠다.

Television is the new state religion run by a private Ministry of Culture(the three networks), offering a universal curriculum for all people, financed by a form of hidden taxation without representation. You pay when you wash, not when you watch, and whether or not you care to watch(텔레비전은 사설 문화부 장관[3대 TV 네트워크]이 운영하는 새로운 국가종교인데, 모든 사람에게 보편적인 커리큘럼을 제공하고 있으며 재정은 세목이 명시되지 않은 숨은 징세 형식으로 충당한다. 사람들은 TV를 보지 않아도 [광고에서 본 세제로] 씻을 때, 그리고 TV를 보건 말건 상관없이 돈을 지불하는 셈이다).[29]

미국 커뮤니케이션 학자 조지 거브너George Gerbner, 1919~2005가 1982년 4월 '미디어 생태학 학술회의' 연설에서 한 말이다.

Television is the most powerful tool of communication over devised by man. Each of my prime-time 'specials' is now carried by nearly 300 stations across the U.S. and Canada, so that in a single telecast I preach to millions more than Christ did in his lifetime(텔레비전은 인간이 만들어낸 가장 강력한 의사소통 수단이다. 내가 하는 황금시간대 '특집방송'은 300여 방송국을 통해 미국과 캐나다까지 메아리친다. 내가 텔레비전으로 단 한 번만 설교해도 예수가 살아생전 한 것보다 더 많은 무수한 사람에게 전한 셈이다).

To say that the church shouldn't be involved with television is utter folly. The needs are the same, the message is the same, but the delivery can change.……It would be folly for the church not to get involved with the most formative force in America(교회에 텔레비전을 개입시켜선 안된다는 주장은 어리석음의 극치다. 똑같은 필요, 똑같은 메시지일 뿐이다. 단지 전달 방식만 다르다.……교회더러 미국에서 최대 형성력을 가진 텔레비전을 이용하지 말라니, 이야말로 어리석지 않은가).

formative는 '형성의, 발달의', a child's most formative years는 '어린이의 최대 발육기', the early formative period of the Christian Church는 '그리스도 교회의 초기 성립 시대'란 뜻이다. the most formative force를 '최대 형성력'으로 번역한 것은 어색하긴 하지만, 텔레비전이 전도에서 초기에 신앙을 형성하게 만드는 강력한 힘을 갖고 있다는 의미로 이해하면 되겠다.

첫 번째 말은 목사 빌리 그레이엄Billy Graham, 1918~2018, 두 번째 말은 목사 팻 로버트슨Pat Robertson, 1930~2023의 말이다. 커뮤니케이션 학자 닐 포스트먼Neil Postman, 1931~2003은 『죽도록 즐기기: 쇼 비즈니스 시대의 공적 담론Amusing Ourselves to Death: Public Discourse in

the Age of Show Business』(1985)에서 두 목사의 말을 소개한 후 다음과
같은 반론을 폈다.

This is gross technological naiveté. If the delivery
is not the same, then the message, quire likely, is not
the same. And if the context in which the message
is experienced is altogether different from what it
was in Jesus' time, we may assume that its social and
psychological meaning is different, as well. To come to the
point, there are several characteristics of television and
its surround that converge to make authentic religious
experience impossible(이게 바로 과학기술에 대한 순진함의 극치다.
전달 방식이 달라지면 메시지도 본뜻을 유지하기 매우 어렵다. 또한 메시지를 접하는 상황이 예수가 살았던 시대와 완전히 다르다면, 메시지의 사회적·심리학적 의미 또한 다르다고 전제함이 옳다. 요점을 말하자면, 텔레비전을 통해서는 진정한 종교적 경험이 불가능한 몇 가지 특성과 환경 요건이 있다).[30]

In and of itself, television seems to put a damper on children's imaginative play. Ready-made visual images and story lines require less work from viewers. When children play with a toy based on particular television character, they play less creatively, especially right after they have watched a program(텔레비전은 원래 어린이들의 상상력에 제동을 거는 존재인 것 같다. 시각적 이미지와 스토리가 이미 만들어져 있기 때문에 시청자는 별로 수고할 필요가 없다. 텔레비전에 등장하는 특정 캐릭터와 연결된 장난감으로 놀이를 할 때 아이들은 상상력을 덜 발휘한다. 특히 해당 프로그램을 본 직후에는 더욱더 그렇다).[31]

미국의 어린이 보호 운동가 수전 린Susan Linn, 1948~이 『TV 광고 아이들: 우리 아이들을 위협하는 키즈 마케팅』(2004)에서 한 말이다. in and of itself는 '그 자체만으로', damper는 '(난로의 불길을 조절하기 위한) 통풍 조절판, (피아노의) 약음기', put a damper on은 '~을 위축시키다, ~의 기세를 꺾다[흥을 깨다]'는 뜻이다.

Television is just another appliance.……It's a toaster with pictures(텔레비전은 그저 하나의 가전제품일 뿐이다.……화면이 나오는 토스터와 다를 바 없다). 1980년대 레이건 행정부의 연방통신위원회 의장 마크 폴러Mark Fowler, 1941~가 1983년 텔레비전에 대한 탈규제를 주장하면서 한 말이다. 친親민주당 성향의 법학자 캐스 선스타인Cass Sunstein, 1954~은 『우리는 왜 극단에 끌리는가』(2009)에서 폴러의

주장에 대해 비판적 자세를 취하면서 다음과 같이 말했다.

A central task, in democratic societies, is for the print and broadcast media, and those who run and participate in Web site, to combat self-segregation along political or other line.⋯⋯I have referred to the fact that bipartisan membership is required for some of the most important institutions in the United States(민주사회에서 인쇄매체나 방송매체, 그리고 웹사이트를 운영하는 사람들에게 맡겨진 중요한 과제 가운데 하나는 정치를 비롯한 여러 분야에서 벌어지는 자기격리self-segregation 현상과 맞서 싸우는 것이다.⋯⋯나는 미국에 있는 중요한 기관들이 양당의 인사들로 구성되어야 한다는 주장을 한 바 있다).[32]

그러나 디지털 혁명 이후 채널이 무한대로 늘어나고 스마트폰의 역할이 커지면서 텔레비전은 그저 하나의 가전제품일 뿐이라는 주장이 더 큰 설득력을 갖게 된 게 아닌가 하는 생각이 든다. 게다가 소셜미디어나 유튜브 등이 알고리즘을 책임 회피를 위한 방패로 내세우면서 이윤 추구에 혈안이 된 모습을 보여도 그간 규제 당국은 속수무책으로 당하면서 무력한 모습을 보여오지 않았던가?

구글은
광고업계에
속한다

Promise, large promise, is the soul of an advertisement(약속, 큰 약속이 광고의 정신이다). 영국 작가 새뮤얼 존슨Samuel Johnson, 1709~1784이 1759년에 한 말이다. 그는 이런 말도 남겼다. The trade of advertising is now so near perfection that it is not easy to propose any improvement(광고업은 이제 완벽에 근접했기 때문에 그 어떤 개선을 제안하는 건 쉽지 않다).[33]

Advertising is the first, second, and third elements of success(성공의 3요소는 첫째도 광고, 둘째도 광고, 셋째도 광고다).[34] 미국에서 대중을 즐겁게 만들어주는 '쇼맨showman'이자 '서커스의 제왕'으로 활약한 P. T. 바넘P. T. Barnum, 1810~1891의 말이다. 광고학자 제임스 트위첼James B. Twitchell, 1943~은 바넘을 선전술의 원조로 지목하

면서 그에게 '야바위의 왕자'이자 '흥행의 천재'라는 별명을 선사했다.[35]

바넘은 『돈을 버는 법』(1880)에서 광고의 중요성을 강조했는데, 이런 '광고 금언'도 제시했다. "광고는 배움과 같아, '적게 하면 위험하다!Advertising is like learning-a little is a dangerous thing!'"[36] "선무당이 사람 잡는다A little learning is a dangerous thing"는 속담을 원용해, 광고를 하는 둥 마는 둥 찔끔찔끔 해서는 안 된다는 뜻으로 한 말이다. 이 책은 대성공을 거두어 이후 바넘은 전국 순회 강연을 다니는 인기 자기계발 전문 강사로도 활약했다.[37]

Half the money I spend on advertising is wasted. The trouble is, I don't know which half(내가 광고에 소비하는 돈의 절반은 낭비다. 문제는 그 나머지 돈이 어디로 갔는지 모른다는 것이다).[38] 미국의 백화점 재벌 존 워너메이커John Wanamaker, 1838~1922의 말이다.

Advertising is legalized lying(광고는 합법화된 거짓말이다).[39] 영국 소설가 H. G. 웰스H. G. Wells, 1866~1946의 말이다.

With radio, ads openly went over to the incarnation of the singing commercial. Noice and nausea as a technique of achieving unforgettability became universal(라디오의 등장과 함께 광고는 노래하는 상업적 주문呪文으로 바뀌었다. 기억 속에서 잊히지 않게 하는 기술로서의 소음과 역겨움은 일반적인 것이 되었다).[40] 캐나다의

ADVERTISING

미디어 학자 마셜 매클루언Marshall McLuhan, 1911~1980이 『미디어의 이해Understanding Media』(1964)에서 한 말이다.

　Advertising—a judicious mixture of flattery and threats(광고는 아부와 위협의 신중한 혼합물이다).[41] 캐나다 문학평론가 노드롭 프라이Northrop Frye, 1912~1991의 말이다.

　Advertising begins to play a more subtle role in changing habits than merely stimulating wants. The advertising in the women's magazines, the house-and-home periodicals, and sophisticated journals like the 『New Yorker』 was to teach people how to dress, furnish a home, buy the right wines—in short, the style of life appropriate to the new statuses(광고는 단지 사람들의 욕망을 자극하는 역할뿐만 아니라, 좀더 미묘한 역할을 수행하게 되었다. 사람들의 생활습관을 바꾸는 작용을 하는 것이다. 사람들이 어떤 옷을 입고, 집을 어떻게 장식하며, 어떤 와인을 마시는 것이 좋은지를 광고는 가르쳐준다. 여성 주간지나 가정 잡지, 『뉴요커』와 같은 고급 잡지 등에 실린 광고가 그러한 역할을 한다. 광고는 새로운 지위에 오른 사람에게, 그 지위에 어울리는 생활 스타일을 지시한다).⁴²

미국 사회학자 대니얼 벨Daniel Bell, 1919~2011이 『자본주의의 문화적 모순The Cultural Contradictions of Capitalism』(1976)에서 한 말이다.

We look at ads as commercial information, and that goes back to our core mission of organizing the world's information(우리는 광고를 상업적 정보로 바라보며, 이는 온 세상의 정보를 체계적으로 정리하겠다는 우리의 주요 미션과도 일맥상통하는 것이다). 구글의 글로벌세일즈 부문 부사장 오미드 코르데스타니Omid Kordestani,

1963~가 2005년 10월 『타임』 인터뷰에서 한 말이다.

구글의 창업자인 래리 페이지Larry Page, 1973~와 세르게이 브린Sergey Brin, 1973~이 처음부터 그런 광고 철학을 갖고 있던 건 아니었다. 이들이 스탠퍼드대학 대학원생 시절 같이 쓴 논문은 광고에 대해 다음과 같은 강한 반감을 보였다. Advertising-funded search engines will inherently be biased toward the advertisers and away from the needs of consumers(광고로 돈을 버는 검색 엔진들은 본질적으로 광고주에 편향되어 소비자의 요구를 외면할 것이다).[43]

My light-bulb moment was where I realized that relevancy was king. I really saw it play out with Google.······it was a big learning curve(뭐니뭐니 해도 관련성이 최고임을 깨달은 순간 머릿속이 환해졌다. 그 사실이 구글에서 실현되고 있는 것을 목격했다.······큰 교훈을 배우는 순간이었다).[44] 구글 북미 광고 부문 부사장 페리 프라이스Perry Price가 2008년에 한 말이다. light bulb moment는 '생각이 번뜩이는 순간, 불현듯 좋은 생각이 떠오르는 순간'을 말한다. I had a light bulb moment as soon as I heard the news(그 이야기를 듣자마자 불현듯 좋은 생각이 떠올랐다).

We are in the advertising business(우리는 광고업계에 속한다). 페이지와 브린이 구글의 이사회 회장 겸 대표이사CEO로 영입한 에릭 슈미트Eric Schmidt, 1955~가 2008년에 한 말이다. 이와 관련, 언론인 재닛 로우Janet Lowe, 1940~2019는 『구글 파워』

(2009)에서 다음과 같이 말했다.

The idea that advertising sells best when it is pertinent to search results helped Larry and Sergey come to terms with their business model, and it also delivered the economic payload. Advertisers liked the highly targeted ads, and searchers were more likely to click on ad if it pertained to whatever they were thinking about when they typed words into the search box(광고는 검색 결과와 관련이 있을 때 가장 잘 팔린다는 생각 덕분에 래리와 세르게이는 비즈니스 모델을 결정할 수 있었고, 경제적인 성과도 끌어낼 수 있었다. 광고주들은 목표 적중률이 높은 광고를 좋아했다. 사용자들은 검색창에 단어를 입력할 때 자신이 생각하는 것과 관련된 광고가 뜨면 그 광고를 클릭할 가능성이 더 높다).[45]

구글이 광고업계에 속한다는 건 구글의 2022년 매출액 구성비가 잘 보여준다. 매출액 2,828억 달러(339조 원) 가운데 광고 매출액 비중은 2,245억 달러(269조 원)로 전체의 79퍼센트를 기록했다.[46]

innovation

밥 딜런과
비틀스는
혁신가였다

Innovation begins with a farewell to the past, not a new attempt(혁신은 새로운 시도가 아닌 과거와의 작별에서 시작한다).[47] 독일 심리학자 쿠르트 레빈Kurt Lewin, 1890~1947의 말이다.

When you innovate, you've got to be prepared for everyone telling you you're nuts(당신이 혁신을 할 때는 모든 사람이 미쳤다고 말할 것에 대비해야 한다).[48] 실리콘밸리의 소프트웨어업체 오라클Oracle의 창업자인 래리 엘리슨Larry Ellison, 1944~의 말이다.

Innovation is moving at a scarily fast pace(혁신은 무서울 만큼 빠른 속도로 진행되고 있다).[49] 마이크로소프트 창업자 빌 게이츠Bill Gates, 1955~의 말이다.

Once IBM gains control of a market sector, they almost always stop innovation(IBM은 일단 시장의 한 부문에 대한

통제권을 잡으면 거의 항상 혁신을 중단하는 기업이다). 애플의 스티브 잡스 Steve Jobs, 1955~2011가 사업 초기에 한 말이다. 그는 30년의 세월이 흐른 뒤에도 당시의 경쟁을 다음과 같이 성전聖戰에 비유했다.

IBM was essentially Microsoft at its worst. They were not a force for innovation; they were a force for evil. They were like ATT or Microsoft or Google is(IBM은 본질적으로 최악일 때의 마이크로소프트와 다름없었다. 그들은 혁신을 추구하는 조직이 아니라 악을 좇는 조직이었다. 오늘날의 AT&T나 마이크로소프트, 구글과 마찬가지였다).[50]

You always have to keep pushing to innovate. Bob Dylan could have sung protest songs forever and probably made a lot of money, but he didn't. He had to move on, and when he did, by going electric in 1965, he

alienated a lot of people. His
1966 Europe tour was his
greatest(혁신을 꾀하려면 언제나 끊
임없이 밀어붙여야 한다. 밥 딜런은 그저
저항 가요나 계속 불러 많은 돈을 벌 수
도 있었지만 그러지 않았다. 그는 발전을
꾀해야 했고, 그리하여 1965년에 일렉
트로닉으로 변화를 시도해 발전을 꾀했

다. 하지만 많은 사람이 등을 돌렸다. 그럼에도 1966년 유럽 투어는 그의 가장
훌륭한 공연이 되었다).

　　스티브 잡스가 죽기 얼마 전에 쓴 글에서 한 말이다. 그는 이 글
을 자신의 전기를 쓴 작가 월터 아이작슨Walter Isaacson, 1952~에게 넘
겨주었다. 이 글에서 계속되는 다음 이야기를 더 들어보자.

　　There was one point where he was about to sing
"Like a Rolling Stone" and someone from the audience
yells "Judas!" And Dylan then says, "Play it fucking loud!"
And they did. The Beatles were the same way. They
kept evolving, moving, refining their art. That's what I've
always tried to do—keep moving. Otherwise, as Dylan
says, if you're not busy being born, you're busy dying(한번
은 그가 '라이크 어 롤링 스톤'을 부르려고 하는데 청중석에서 누군가가 "유다
같은 배신자!"라고 소리를 질렀다. 그러자 딜런은 말했다. "열라 크게 연주해!"
그들은 그렇게 했다. 비틀스도 똑같았다. 그들은 끊임없이 진화하고 나아가면
서 그들의 예술을 갈고 닦았다. 진화, 바로 그것이 언제나 내가 노력하며 시도한

것이다. 끊임없이 나아가야 한다. 딜런이 말했듯이 바쁘지 않으면 죽느라 바쁠 수밖에 없는 것이다).[51]

왜 위대한 기업들조차 실패하는가? 이 질문을 물고 늘어진 미국 하버드대학 경영대학원 교수 클레이튼 크리스텐슨Clayton M. Christensen, 1952~은 1995년 '파괴적 혁신disruptive innovation'이란 답을 내놓았다. 선두기업 자리에 오르게 해준 경영 관행이 바로 그들로 하여금 궁극적으로 그들의 시장을 빼앗아갈 진보된 신기술, 즉 '파괴적 기술disruptive technology'을 개발하는 것을 극도로 어렵게 만들었기 때문이라는 게 크리스텐슨이 내놓은 답이다.

파괴적 기술은 처음에 등장할 때는 거의 언제나 주류 소비자들이 관심을 갖는 특징 면에서 더 낮은 성능을 제공하지만, 몇몇 새로운 고객이 중시하는 다른 특성들을 갖고 있다. 그런 기술은 일반적으로 더 저렴하고, 작고, 단순하고, 사용하기가 편리하다. 따라서 그들은 신규시장을 창조한다. 아울러 파괴적 기술의 개발업체들은 풍부한 경험과 충분한 투자금을 바탕으로 항상 제품 성능을 개선한 끝에 궁극적으로 기존 시장을 지배할 수 있다는 것이다.[52]

open innovation(오픈 이노베이션)은 자신에게 모자라거나 혁신이 필요한 영역이 있으면 상대가 대학이건 기업이건, 내국인·외국인을 가리지 않고 협업하고 아웃소싱하는 걸 말한다. 기업들의 비밀주의나 폐쇄주의에 정면 도전하는 것으로, 그 기원은 1960년대로 거슬러 올라가지만 본격적인 연구는 미국 조직 이론가 헨리 체스브로Henry Chesbrough, 1956~의 『Open Innovation』(2003) 출간 이

후에 이루어졌다. 이와 관련,『중앙일보』기자 심재우는 2013년 1월 30일 일본 도쿄 빅사이트 전시장에서 막을 올린 '나노테크2013'에 대해 다음과 같이 말했다.

"나노는 물론 전자·자동차 등 주력 산업의 기술력은 여전히 세계 선두를 달리고 있지만 기술 공개는 물론 교류조차 꺼리는 일본 산업계의 독특한 배타성을 또다시 절감할 수 있는 현장이었다.……이번 나노테크2013에 참석한 한국 기업들은 너나 할 것 없이 협업할 파트너를 찾기 위해 온종일 열심히 발품을 팔았다. '오픈 이노베이션'에 훨씬 적극적인 한국이 전시회에서조차 자신들의 첨단기술을 꽁꽁 감추려는 듯한 일본을 머지않아 따라잡을 수 있다는 확신이 커졌다."[53]

Outside Innovation(외부 혁신)은 미국의 IT 컨설턴트 패트리샤 세이볼드Patricia Seybold, 1949~의 2006년 책 제목으로, 인터넷의 보급으로 힘을 가지게 된 개인 고객을 제대로 대응할 수 없는 기업은 사라질 뿐이라는 주장을 담고 있다.[54]

reverse innovation(역혁신)은 예전에 선진국 기업들이 자국 시장에서 혁신을 하고, 같은 제품을 신흥 시장에 맞게 적당히 수정해 조금 싸게 파는 이른바 글로컬라이제이션(글로벌화+현지화)과는 정반대로 신흥 시장에서 혁신을 하고, 그것을 선진국으로 다시 가져가는 것을 말한다. 그래서 trickle-up innovation이라고도 한다. 인도 출신으로 미국 다트머스대학 경영대학원 교수인 비자이 고빈다라잔 Vijay Govindarajan, 1949~이 2009년에 제시한 개념이다. 그는『조선일보』(2013년 5월 11일) 인터뷰에서 "왜 지금 이 시대에 역혁신이 그렇게 중요한가요?"라는 질문에 대해 다음과 같이 답했다.

"전 세계엔 인구 80억 명이 있는데, 기업들이 신경 쓰는 인구는 그중에서 30억 명 정도입니다. 나머지 50억 명은 사회 공헌 활동의 대상이나 비非소비계층non consumer으로 치부하고 말죠. 기존 전 세계 어떤 기업이든, 인도나 중국 등 신흥 시장에 가서는 상위 10%만 공략해왔습니다. 그런데도 매년 폭발적으로 성장했어요. 그래서 비소비계층을 볼 이유가 없었어요. 그런데 지금 보세요. 그 성장세가 상당 부분 멈췄습니다. 그래서 다국적 기업이라면 새 시장을 파고들어야 합니다. 그 답이 50억 명에게 있어요. 둘째 이유는 로컬 회사들이 훨씬 빨리 상황을 파악해 치고 올라오고 있다는 것입니다. 예를 들어 중국의 헬스케어 회사인 '민드레'가 있습니다. 매우 공격적입니다. 만약 미국의 GE가 역혁신을 하지 않는다면, 로컬 중국 회사가 하게 되어 있습니다. 그리고 미국 본토에 제품을 들고 와 GE를 공격할 것입니다."[55]

제7장

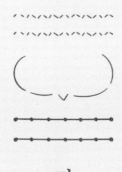

리더십 · 권위 · 민주주의 · 정부 · 정체성

대학총장은
거지, 아첨꾼, 광대가
되어야 한다

These are the hard times in which a genius would wish to live. Great necessities call forth great leaders(요즘은 천재들이 살고 싶어 하는 역경의 시대입니다. 위대한 리더들이 절실히 필요한 시대입니다).[1] 미국이 독립전쟁을 하고 있던 1780년 존 애덤스John Adams, 1735~1826의 부인인 애비게일 애덤스Abigail Adams, 1744~1818가 아들인 존 퀸시 애덤스John Quincy Adams, 1767~1848에게 보낸 편지에서 한 말이다. 나중에 존 애덤스는 제2대 대통령, 존 퀸시 애덤스는 제6대 대통령이 된다.

Leadership: The art of getting someone else to do something you want done because he wants to do it(리더십은 다른 사람이 스스로 하도록 하는 힘이다).[2] 미국 제34대 대통령 드와이트 아이젠하워Dwight D. Eisenhower, 1890~1969의 말이다.

223

You can never know the agonies and the lonely moments of leadership(리더십의 고뇌와 고독의 순간들을 그 누가 알랴).[3] 미국의 흑인 민권운동가 마틴 루서 킹Martin Luther King Jr., 1929~1968의 말이다.

When you induce behavior, that's essential to leadership(행동을 유발시키는 것이 리더십의 기본이다).[4] 비자 인터내셔널의 창립자 디 호크Dee Hock, 1929~2022의 말이다.

Genuine leadership is of only one type: supportive. It leads people: It doesn't drive them. It involves them: It doesn't coerce them. It never loses sight of the most important principle governing any project involving human beings: namely, that people are more important than things(진정한 리더십은 오직 한 유형뿐이다. 그것은 바로 '지원적 리더십'이다. 지원적 리더십은 사람들을 몰아가는 것이 아니라 이끄는 것이다. 지원적 리더십은 강압이 아닌 참여에 의해 이루어진다. 지원적 리더십은 인간과 관련된 어떤 일에서건 가장 중요한 원칙을 준수하는데, 그것은 바로 인간이 사물보다 더 중요하다는 것이다).[5]

미국 리더십 전문가 J. 도널드 월터스J. Donald Walters, 1926~가 『지원적 리더십The Art of Supportive Leadership』(1987)에서 한 말이다

Leadership is not something you pursue. Leadership is something others give to you(리더십은 추구의 대상이 아니다. 리

더십은 다른 사람들이 주는 것이다).[6] 미국 작가 C. 진 윌크스C. Gene Wilkes
가 『예수의 리더십Jesus on Leadership』(1996)에서 한 말이다.

I believe true leadership is a process of addition, not
an act of division. I will not attack a part of this country,
because I want to lead the whole of it(나는 진정한 리더십은 더
하기를 하는 과정이고, 나누기하는 행동은 아니라고 믿습니다. 나는 이 나라의

한 부분을 공격하지 않을 것입니다. 이 나라 전체를 이끌고 싶기 때문입니다).[7]

미국 제43대 대통령 조지 W. 부시George W. Bush, 1946~가 2000년 8월 3일 필라델피아에서 열린 공화당 전당대회의 대통령 후보 수락 연설에서 한 말이다. 비록 그는 나중에 '나누기 리더십'을 행사했다는 비난을 받았지만, 이 말만큼은 백번 옳은 말이다.

The old job of leadership was to make decisions. The new job of leadership is to attract (and keep) money and talent(리더가 과거에 하던 일은 결정을 내리는 것이었다. 이제 새로운 일은 돈과 재능을 끌어모으는 [그리고 유지하는] 것이다). 미국 경제학자 로버트 라이시Robert B. Reich, 1946~가 『부유한 노예』(2000)에서 한 말이다. 이어 그는 다음과 같이 말한다.

Nonprofit leaders, likewise, are immersed in

226

continuous effots to lure talent and money. "To direct an instituion nowadays you have to be an opportunist," says Marchia Tucker, former director of the New Museum of Contemporary Art in New York. "You have to use every social situation to think about fund-raising and social contacts."······Most college presidents are consumed by the task of raising funds. "One has to be a beggar, a flatterer, a sychophant, a court jester," notes Leon Botstein, president of Bard College(비영리단체

의 리더 역시 재능과 돈을 끌어들이는 노력을 게을리하지 않고 있다. "요새 한 기관을 이끌기 위해서는 기회주의자가 되어야 한다. 모든 사회적인 상황을 이용해 자금 조달과 사교적인 만남을 생각해야 한다"고 뉴욕에 있는 한 박물관의 전 관장 마르시아 터커는 말하고 있다.······대학총장들은 모든 활동에 온통 정신을 쏟고 있다. 바드대학의 리언 보츠타인 총장은 "거지, 아첨꾼, 광대가 되어야 한다"고 말하고 있다).[8]

A very important part of leadership is the ability to trust other people and to hand them the reins and let them drive(리더십의 가장 중요한 측면은 다른 사람들을 신뢰하고 그들에게 권한을 넘겨주는 능력이다).[9] 미국의 인터넷 서비스 제공업체인 어스링크

EarthLink의 창립자 스카이 데이턴Sky Dayton, 1971~의 말이다. 리더십 전문가 워런 베니스Warren G. Bennis, 1925~2014와 로버트 토머스Robert J. Thomas의 『시대와 리더십』(2002)에 인용된 말이다.

Servanthood is not motivated by manipulation or self-promotion. It is fueled by love(섬김은 조종이나 자기 홍보의 목적으로 이루어져서는 안 된다. 섬김의 동력은 사랑이어야 한다).[10] 미국의 리더십 전문가 존 캘빈 맥스웰John Calvin Maxwell, 1947~이 『관계 101Relationships 101』(2003)에서 한 말이다. 이는 공복公僕이라는 말뜻에 충실하고자 하는 이른바 '섬김 리더십servant leadership'의 핵심 원리라 할 수 있겠다.

The higher the level of leadership you want to reach, the greater the sacrifices you will have to make. To go up, you have to give up. That is the true nature of leadership(도달하고자 하는 리더십의 단계가 높아질수록 치러야 할 희생은 커지는 법이다. 높이 올라가려면 포기할 줄 알아야 한다. 그것이 바로 리더십의 진정한 본질이다).[11] 미국의 리더십 전문가 존 캘빈 맥스웰John Calvin Maxwell, 1947~이 『태도 101Attutude 101』(2003)에서 한 말이다.

왜 우리는
'조폭 문화'에
쉽게 빠져드는가?

authority(권위)는 '창조자'를 뜻하는 라틴어 autore를 거쳐 '저자'를 뜻하는 프랑스어 auteur에서 나와 원래는 '원작자의 권리' 또는 '저작권'을 뜻했지만 나중에 지적·법적 권위로 의미가 확장되었다. 오늘날 '책의 저자'를 뜻하는 author, '권위를 위임하다'에서 '허가하다'로 의미가 발전된 authorize 등과 사촌 단어다. 조승연은 "고대 그리스와 로마 시대에는 책의 저자를 매우 높이 우러러보았다"며 다음과 같이 말한다.

"작가가 최고의 권위를 상징하던 그리스와 로마의 전통은 오늘날까지 서양 사회에 깊숙이 남아 있다. 서양에는 지금도 영화나 소설 등을 감상하는 독자가 저자 의도를 파악해야 할 의무가 있다고 믿어 '작가주의' 작품이 많다. 반면에 동양은 오히려 저자가 독자 취향에 맞는 재미있고 쉬운 의미를 전달할 수 있어야 한다고 믿어 그런 작품

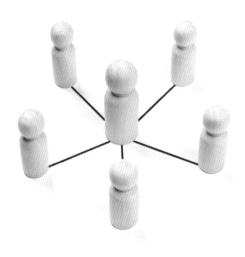

을 높이 쳐주는 경향이 강하다."[12]

authority(권한)는 power(권력)의 의미로 많이 쓰이지만, power가 주로 다른 사람에게 어떤 일을 하게 하거나 하지 못하도록 영향을 미칠 수 있는 능력을 뜻한다면, authority는 power를 행사할 수 있는 권리와 그 정당성을 가리키는 개념으로 쓰인다.[13]

권력과 권한이 일치하지 않을 땐 둘 사이에 긴장 관계가 발생하는데, 이에 대해 미국 정치철학자 셸던 월린Sheldon S. Wolin, 1922~2015은 『이것을 민주주의라고 말할 수 있을까?: 관리되는 민주주의와 전도된 전체주의의 유령』(2008)에서 다음과 같이 말한다.

"권한은 권력의 사용을 승인·공인하며, 그 한계를 설정한다. 그런데 전쟁 선포 권한(미국 헌법 1조, 8절 11항)은 의회만이 가지고 있지만, 이라크전에서는 대통령이 그 권력을 사실상 선취해버렸고, 의회는 이에 고분고분 굴복하고 말았다."[14]

The passion for truth is silenced by answers which have the weight of undisputed authority(누군가의 대답이 명백한 권위를 얻게 되는 순간 진실에 대한 열정은 잠재워지고 만다).[15] 독일 신학자 폴 틸리히Paul Tillich, 1886~1965의 말이다.

No matter how just citizens are created in a democractic society, they cannot be free from human barbarism and inhuman attitudes if they are governed by wrong authority(민주주의 사회에서 아무리 정의로운 시민들이 만들어졌다 해도 만일 옳지 않은 권위의 지배를 받게 된다면 그들 또한 인간의 야만성과 비인간적 태도에서 자유로울 수 없다).[16]

미국 사회심리학자 스탠리 밀그램Stanley Milgram, 1933~1984의 말이다. 밀그램은 나치 치하의 독일인들이 어떻게 수백 만 명의 유대인을 학살할 수 있었는지 알고 싶어서 1961~1962년 '권위에 대한 복종' 실험을 했다. 그가 하버드대학 교수 시절이던 1963년에 발표한 실험 결과는 엄청난 충격과 더불어 뜨거운 논란을 불러일으켰다. 어떤 실험이었던가?

참여자들은 실험의 목적을 알지 못한 채, 선생님 역할을 맡아 참여자들에게 보이지 않는 칸막이 너머에 있는 학생이 문제를 틀릴 때마다 전기 충격의 강도를 높이라는 지시를 받는다. 실험의

Public Announcement

WE WILL PAY YOU $4.00 FOR ONE HOUR OF YOUR TIME

Persons Needed for a Study of Memory

*We will pay five hundred New Haven men to help us complete a scientific study of memory and learning. The study is being done at Yale University.

*Each person who participates will be paid $4.00 (plus 50c carfare) for approximately 1 hour's time. We need you for only one hour: there are no further obligations. You may choose the time you would like to come (evenings, weekdays, or weekends).

*No special training, education, or experience is needed. We want:

Factory workers	Businessmen	Construction workers
City employees	Clerks	Salespeople
Laborers	Professional people	White-collar workers
Barbers	Telephone workers	Others

All persons must be between the ages of 20 and 50. High school and college students cannot be used.

*If you meet these qualifications, fill out the coupon below and mail it now to Professor Stanley Milgram, Department of Psychology, Yale University, New Haven. You will be notified later of the specific time and place of the study. We reserve the right to decline any application.

*You will be paid $4.00 (plus 50c carfare) as soon as you arrive at the laboratory.

TO:
PROF. STANLEY MILGRAM, DEPARTMENT OF PSYCHOLOGY, YALE UNIVERSITY, NEW HAVEN, CONN. I want to take part in this study of memory and learning. I am between the ages of 20 and 50. I will be paid $4.00 (plus 50c carfare) if I participate.

NAME (Please Print)..........................

ADDRESS...................................

TELEPHONE NO............. Best time to call you.......

AGE........OCCUPATION.....................SEX.......
CAN YOU COME:

WEEKDAYS.......EVENINGS......WEEKENDS.........

목적을 알고 있는 학생 역할의 협조자들은 전기 충격이 가해질 때마다 고통스러운 연기를 했으며, 이 소리는 참여자들이 모두 들을 수 있게 만들었다.

참여자 대부분은 학생의 괴로운 목소리를 듣고 몇 번 전기 충격을 주고 더는 할 수 없다는 의사를 표현했으나, 실험자가 "그 정도의 전기로는 사람이 죽지 않습니다. 결과에 대해서는 제가 모든 책임을 지겠습니다"고 하자 놀랍게도 참가자의 65퍼센트(40명 중 26명)가 "제발 그만!"이라는 비명이 터져 나오는데도 450볼트에 해당하는 전기 충격에 도달할 때까지 버튼을 계속 눌렀다. 상식적으로 450볼트의 전기라면 거의 모든 사람이 죽을 수밖에 없는데도 책임을 지겠다는 실험자의 권위에 쉽게 굴복한 것이다.[17]

한국에선 '권위에 대한 복종' 문화 (이것도 문화라고 부를 수 있다면)를 가리켜 '조폭 문화'라는 말이 쓰인다. 2003년 3월 13일 이창동은 문화관광부 장관 취임 2주 만에 한국 관료 사회의 권위주의를 '조폭 문화'로 규정했다. 2005년 12월 시인 김용택은 노무현 시대도 이전 시대와 다를 게 없다며 다음과 같이 말했다. "장군이 뜨면, 무슨 장관이 뜨면, 무슨 국장이 뜨면, 국회의원이 뜨면 보아라. 완전히 조폭 두목이 뜬 것과 꼭 같은 풍경이 벌어진다. 어느 정도 민주화가 이루어졌다고, 이만하면 민주화가 이루어졌다고? 코미디 같은 이야기들이다."[18]

'권위에 대한 복종' 문제에 관한 한 세계 최고의 전문가라고 할 수 있는 밀그램의 관련 명언을 두 개만 더 감상해보자. The disapperance of a sense of responsibility is the most farreaching consequence of submission to authority(책임감의 실종은 권위에 대한 복종의 가장 흔한 결과다).[19] By understanding the human nature of obeying authority, blind obedience to orders against conscience can be reduced(권위에 복종하는 인간의 본성을 이해하면, 양심에 반하는 명령을 맹목적으로 따르는 경우를 줄일 수 있다).[20]

The main thrust of Bobo politics is the effort to restore the bonds of intimate authority. Bobos are not much interested in grand efforts to assert large-scale authority(보보 정치의 핵심 명제는 친밀한 권위의 유대감을 회복하자는 것이다. 보보들은 거대한 스케일의 권위를 내세우려는 원대한 노력에는 별 관심이 없다).[21]

미국 언론인 데이비드 브룩스David Brooks, 1961~가 『보보스: 디지털 시대의 엘리트』(2000)에서 한 말이다. 그가 말하는 '보보Bobo'는 'Bourgeois Bohemian(부르주아 보헤미안)'을 줄인 말로 새로운 정보 시대의 엘리트 계급을 말한다. 이어 그는 '친밀한 권위'에 대해 다음과 같이 말한다.

Intimate authority is imparted, not imposed. It is the sort of constant, gentle pressure that good parents and neighbors provide: be polite when you are introduced to someone, don't litter in the park, don't tell fibs, help people with their packages when they are burdened, comfort them when they are grieving, and reassure then when they are uncertain(친밀한 권위는 강요되는 것이 아니라, 자발적으로 부여되는 것이다. 그것은 부모와 이웃이 제공하는 그런 종류의 지속적이고 온화한 압력이다. 이를테면 누군가를 소개받을 때 정중하게 행동하라, 공원에서 쓰레기를 버리지 마라, 거짓말을 하지 마라, 무거운 짐을 든 사람을 도와주어라, 슬픔에 잠긴 사람을 위로하라, 혹은 혼란에 빠져 있는 사람을 격려하라고 하지 않는가).[22]

democracy

민주주의는 평범한 사람들을 위한 것이다

Democratic nations cultivate the arts that serve to render life easy in preference to those whose object is to adorn it(민주적인 국가는 삶을 아름답게 하는 것보다 삶을 쉽게 하는 기술을 선호한다). 1831년 5월부터 9개월에 걸쳐 미국식 민주주의를 연구하기 위해 미국 전역을 돌며 관찰한 프랑스의 젊은 귀족 알렉시 드 토크빌Alexis de Tocqueville, 1805~1859이 『미국의 민주주의』(1835)에서 미국의 민주정치 사회와 프랑스의 귀족정치 사회를 비교하면서 한 말이다. 이어 그는 다음과 같이 말했다.

Style will frequently be fantastic, incorrect, overburdened, and loose, almost always vehement and bold. Author will aim at rapidity of execution more than at perfection of detail.……There will be more wit than

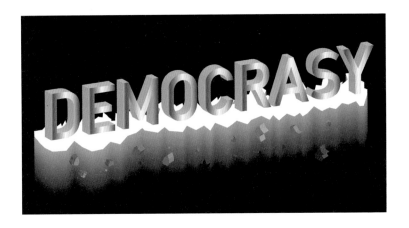

erudition, more imagination than profundity.……The object of authors will be to astonish rather than to please, and to stir the passions more than to charm the taste(스타일은 종종 매혹적이고 부정확하며 과하고 느슨하고 대개는 열정적이며 대담하다. 작가들은 디테일의 완벽보다는 신속한 기법을 추구한다.……그런 작품에서는 박학다식함보다는 위트가, 심오함보다는 상상력이 더 중요하다.……작가의 목표는 독자를 만족시키기보다 놀라게 하는 것이고, 취향을 고려하기보다는 열정을 자극하는 것이다).[23]

　　erudite는 '학식이 있는, 박식한', erudition은 '학식, 박식', profundity는 '(어떤 주제에 대한 처리·이해 등의) 깊이(=depth), (영향 등의) 심각함[강력함], 심오함'이란 뜻이다. He lacked profundity and analytical precision(그는 깊이와 분석상의 정확성이 부족했다). His profundities were lost on the young audience(그의 심오함이 젊은 청중들에게는 아무런 감명을 주지 못했다).

In a democracy, the most important office is the office of citizen(민주주의 사회에서 가장 중요한 직책은 시민이란 직책이다).[24] 미국 연방대법원 대법관 루이스 브랜다이스Louis D. Brandeis, 1856~1941의 말이다. 그는 미국 최초의 유대인 출신 연방대법원 대법관이었다. office 엔 '사무실' 외에 '직책, 임무'란 뜻

이 있다. He was elected twice to the office of president(그는 회장으로 두 번 선출되었다). It is our office to teach how to solve the problem(그 문제의 해결법을 가르치는 것이 우리의 임무다).[25]

The function of democracy has been to provide the public with a second power system, an alternative power system, which can be used to counterbalance the economic power(민주주의의 기능은 대중에게 경제권력에 대항하는 데 사용할 수 있는 또 하나의 권력 체계, 즉 대안적 권력 체계를 제공하는 데 있다).[26]

미국 정치학자 E. E. 샤츠슈나이더E. E. Schattschneider, 1892~1971 가 『절반의 인민주권The Semi-Sovereign People: A Realists' View of Democracy in America』(1960)에서 한 말이다. 이어 그는 이 책의 결론에 이르러 다음과 같이 열변을 토한다.

Democracy was made for the people, not the people for democracy. Democracy is something for ordinary people, a political system designed to be sensitive to the

needs of ordinary people regardless of whether or not
the pedants approve of them(인민을 위해 민주주의가 만들어졌지,
민주주의를 위해 인민이 만들어진 것은 아니다. 민주주의는 평범한 사람들을
위한 것이다. 학자연하는 이들이 인민의 자격을 인정하든 말든 상관없이, 그것
은 평범한 사람들의 요구에 민감하게 반응하도록 고안된 정치체제다).[27]

    We may be witnessing the end of history as such:
that is, the end point of mankind's ideological evolution
and the universalization of Western liberal democracy as
the final form of human government(우리가 목도하고 있는 것은
다음과 같은 역사의 종말이다. 다시 말해서 인류의 이념적 진화가 종착점에 이
르렀고 인간이 만든 정체 체제의 최종 형태로서 서구의 자유민주주의가 보편화

되었다는 것이다).[28]

일본계 미국 지식인 프랜시스 후쿠야마Francis Fukuyama, 1952~가 『내셔널 인트리스트The National Interest』 1989년 여름호에 발표한 「역사의 종말The End of History」이라는 글에서 한 말이다. 이 글은 폭발적인 반응을 얻어 하루아침에 유명해졌지만, 성급한 결론이 아닌가 하는 의문이 제기되었다.

The idea of 'deliberative democracy' makes an easy target for criticism. It seems to rest on an unrealistic conception of people's civic-mindedness. It endows deliberation with almost magical powers.……Even if you accept that people are, in fact, sophisticated enough to follow complex political arguments, it's not clear that they have the patience or the energy to do so, or that they want to be told to take a holiday bacause it's time to talk about politics(''심의 민주주의'라는 개념은 비판의 표적이 되기 쉽다. 국민의 시민의식에 지나치게 비중을 둔 비현실적인 개념이고, 심의라는 것이 어떤 마술이라도 되는 양 생각한 듯하다.……설사 국민들이 복잡한 정치 토론을 이해할 수 있을 만큼 똑똑하다고 가정하더라도 그들이 진정 그럴 만한 인내심과 에너지가 있으며 오늘은 정치 토론을 하는 날이니 아무 일도 하지 말라는 소리를 듣고 싶어 하는지는 모를 일이다).

미국 언론인 제임스 서로위키James Surowiecki, 1967~가 『대중의 지혜The Wisdom of Crowds』(2004)에서 한 말이다. 그는 판사 리처드 포스너Richard Posner, 1939~가 『법, 실용주의, 민주주의Law, Pragmatism and Democracy』(2003)에서 지적한 심의 민주주의의 한계에 대한 견해

를 다음과 같이 소개했다.

The United States is a tenaciously philistine society. Its citizens have little appetite for abstractions and little time and less inclination to devote substantial time to training themselves to become informed and public-spirited voters(미국은 지독하게 실리를 추구하는 나라다. 미국인들은 추상적인 개념에 거의 관심이 없으며 시민정신이 투철한 유권자가 되기 위한 훈련을 받는데 많은 시간을 투자하고 싶은 마음도 없고 또 그럴 시간을 내지도 않을 것이다).[29]

Democracy is never guaranteed. It has to be earned(민주주의는 결코 보장되는 것이 아니다. 쟁취하는 것이다). 미국 대통령 조 바이든Joe Biden, 1942~이 2022년 5월 백악관 출입기자단 만찬 연설에서 한 말이다. 정미경은 "'guarantee'와 'earn'은 대비되는 개념"이라며 다음과 같이 말한다.

"흔히 '배우 몸값'을 뜻하는 '개런티'는 원래 '보장', '약속'이라는 의미에서 출발했습니다. 상대에게 내 말을 믿어달라는 확신을 주고 싶을 때 'I guarantee you(내가 보증할게)'라고 시작하면 됩니다. 반대로 'earn'은 '피땀 흘려 쟁취한다'는 의미입니다. 열심히 노력한 사람이 상을 받을 때 'you've earned it(너는 받을 만한 자격이 있어)'라고 격려해줍니다."[30]

왜 가난한 사람들이
보수 정당에
투표할까?

My discovering my identity doesn't mean that I work it out in isolation but that I negotiate it through dialogue, partly overt, partly internalised, with others. That is why the development of an ideal of inwardly generated identity gives a crucial importance to recognition. My own identity crucially depends on my dialogical relations with others(자기 정체성이란 혼자 고립되어 만들어낼 수 있는 것이 아니라, 어느 정도는 공개적이고, 어느 정도는 내면화된, 다른 사람들과의 대화를 통해 결정된다. 내면에서 형성되는 이상적인 정체성은 다른 사람들의 인정에 큰 영향을 받는다. 자기 정체성은 다른 사람들과의 대화에 많이 의존한다).[31]

캐나다 철학자 찰스 테일러Charles Taylor, 1931~가 『진정성의 윤리The Ethics of Authenticity』(1991)에서 한 말이다. 그는 "자기 정체성

에 불안을 느끼는 많은 현대인들이 자기 불안을 해소하기 위하여 과학이나, 혹은 이상야릇한 영성靈性의 권위라는 외투를 걸치고 있는 각양각색의 전문가들이나 도사들을 찾아다니고 있다"고 진단한다.[32]

People define themselves in terms of ancestry, religion, language, history, values, customs, and institutions. They identify with cultural groups: tribes, ethnic groups, religious communities, nations, and, at the broadest level, civilizations. People use politics not just to advance their interests but also to define their identity. We know who we are when we know who we are not and often only when we know whom we are against(사람들은 조상, 종교, 언어, 역사, 가치관, 관습, 제도를 가지고 스스로를 규정한다. 그들은

부족, 민족 집단, 신앙 공동체, 국민, 가장
포괄적인 차원에서는 문명이라고 하는 문
화적 집단에 자신을 귀속시킨다. 사람들은
자신의 이익을 추구하는 데만이 아니라 자
신의 정체성을 확인하는 데도 정치를 이용
한다. 우리는 자신이 무엇이 아닌지를 알
때만, 아니 자신의 적수가 누구인지를 알
때만 내가 누구인지를 알게 된다).[33]

　미국 정치학자 새뮤얼 헌팅턴
Samuel P. Huntington, 1927~2008이 『문명의 충돌The Clash of Civilizations
and the Remaking of World Order』(1996)에서 한 말이다.

　You have one identity(사람들은 단 하나의 정체성을 가집니다).
페이스북 창업자 마크 저커버그Mark Zuckerberg, 1984~가 2009년 언론
인 데이비드 커크패트릭David Kirkpatrick, 1953~과의 인터뷰에서 1분
동안 3번이나 강조하며 반복한 말이다. 페이스북 초기에 성인 가입자
에게 2가지 프로필, 즉 업무용과 여가용 프로필 생성을 허용해야 한
다는 목소리가 높았지만, 이때에도 저커버그는 다음과 같은 논리로
반대했다.

　The days of you having a different image for your
work friends or co-workers and for the other people you
know are probably coming to an end pretty quickly(회사 동
료에게 보이는 당신의 이미지와 친구들이 느끼는 당신의 이미지가 다른 시대는
아마도 머지않아 끝날 것입니다).[34]

　이와 관련, 사생활 정보를 입력하지 않게 되어 있던 비즈니

스형 SNS인 링크드인LinkedIn의 창업자 리드 호프먼Reid Hoffman, 1967~은 이렇게 말했다. Mark doesn't believe that social and professional lives are distinct. That's a classic college student view. One of the things you learn as you get older is that you have these different contexts(저커버그는 사회생활과 직업생활이 구분된다고 믿지 않습니다. 그건 고전적인 대학생의 시각이죠. 나이가 들면서 배우는 것들 중 하나가 이런 다양한 관계들을 갖게 되는 건데 말이죠).[35]

The least-engaged voters tend to look at politics through the lens of material self-interest("what will this policy do for me?") while the most-engaged look at politics through the lens of identity("what does support for this policy position say about me?"). This helps illuminate a long-running debate, particularly on the left, about whether working class voters who pull the lever for Republicans are betraying their self-interest in voting for a party that will cut taxes on the rich and break the unions that protect the poor(가장 참여가 적은 유권자들은 물질적 이득이라는 렌즈를 통해 정치를 보는 경향이 있지만[이 정책이 나에게 무슨 이득이 되는가?], 가장 깊이 참여하는 유권자들은 정체성의 렌즈를 통해 정치를 보는 경향이 있다고 말한다[이 정책적 입장에 대한 지지는 나에 대해 무엇을 말해주는가?]. 이는 좌파 진영에서 오랫동안 고민해온 현상, 왜 노동자 계층 유권자들이 공화당을 지지하는지를 이해하는 데 도움을 준다. 왜 노동자 계층이 부유층에 대한 세금을 삭감하고 빈곤층을 보호하는 노조를 무너뜨리는 정당에 투표하면서 자신들

의 이익을 저버리는 행동을 하느냐는 것이다).

pull the lever는 '투표하다'는 뜻이다. 레버를 잡아당기는 방식의 투표에서 비롯된 말이다. 이 방식의 투표는 뉴욕주가 마지막으로 2009년 가을에 중단함으로써 사라졌지만, pull the lever라는 표현은 한동안 더 사용될 것으로 보인다.[36]

미국 언론인 에즈라 클라인Ezra Klein, 1984~이 『우리는 왜 서로를 미워하는가Why We're Polarized』(2020)에서 한 말이다. 이는 정치심리학자 크리스토퍼 존스턴Christopher Johnston 등이 2017년에 출간한 『열림 대 닫힘: 성격, 정체성, 그리고 재분배의 정치학Open versus Closed: Personality, Identity, and the Politics of Redistribution』에서 한 주장을 해설하면서 소개한 것인데, 이어지는 해설을 더 들어보자.

As people become more involved and invested in politics, the 'self-interest' they're looking to satisfy changes. It's a mistake to imagine our bank accounts are the only reasonable drivers of political action. As we become more political, we become more interested in politics as a means of self-expression and group identity(사람들이 정치에 더 많이 참여하고 투자함에 따라 충족시키고자 하는 '개인적인 이익'이 바뀐다. 경제적 부가 정치적 행동에 있어서 유일하고 합리적인 동인이라고 생각한다면, 그건 실수다. 더 정치적이 될수록 자기표현과 집단 정체성에 대한 관심이 높아진다).[37]

Social identity is how we bond ourselves to the

group and they to us. It's why we feel compelled to hang a flag in front of our house, don an alma mater T-shirt, slap a bumper sticker on our car. It tells the group that we value our affiliation as an extension of ourselves and can therefore be trusted to serve its common good(사회적 정체성은 우리가 집단과 자신을 하나로 묶는 방법이다. 집 앞에 국기를 내걸고, 모교 티셔츠를 입고, 차에 스티커를 붙여야 한다고 느끼는 것도 그래서다. 그런 행동은 우리가 소속 집단을 자아의 확장으로 소중히 여긴다고, 따라서 집단의 공익에 보탬이 되는 존재로 믿어도 된다고 알린다).[38]

『뉴욕타임스』기자 맥스 피셔Max Fisher가 『혼란 유발자들: 인간 심리의 취약점을 이용하는 소셜미디어의 뒷이야기The Chaos Machine: The Inside Story of How Social Media Rewired Our Minds and Our World』(2022)에서 한 말이다.

왜 『뉴욕타임스』는 'Government Sachs'라고 했는가?

In the medieval era, empires were ruled but they were not governed(중세의 제국들은 '지배'를 받았지 '통치'를 받진 않았다).[39] 영국 정치학자 데이비드 헬드David Held, 1951~2019의 말이다. 중앙에서 왕국 전체를 다스릴 방법이 없어서 그랬던 것인데, 통치가 가능한 강력한 중앙집권 군주제가 정착한 건 17세기 중반부터였다. 프랑스의 계몽 사상가 장 자크 루소Jean Jacques Rousseau, 1712~1778는 『사회계약론』(1762)에서 사람에 대한 지배에서 영토에 대한 통치로 바뀐 변화의 정치적 의미에 대해 다음과 같이 말했다.

It is understandable how the combined lands of private individuals become public territory, and how the right of sovereignty, extending from the subjects to the ground they occupy, comes to include both property and person.……This advantage does not appear to have been well understood by ancient kings who, only calling themselves kings of the Persians, the Scythians, the Macedonians, seem to have considered themselves leaders of men rather than masters of the country. Today's kings more cleverly call themselves Kings of France, Spain, England, etc. By thus holding the land, they are quite sure to hold its inhabitants(개인의 땅이 합쳐져 공유지가 되고, 통치권의 대상이 백성에서 영토로 확장되면서 땅과 사람을 모두 포함하게 된 과정은 충분히 이해할 만하다.……고대의 왕들은 그 이점을 잘 몰랐던 것 같다. 그들은 자신들을 페르시아인들의 왕, 스키타이인들의 왕, 마케도니아인들의 왕으로 부름으로써 국가의 주인이라기보다는 그곳 사람들만의 지도자로 간주했던 것 같다. 요즘의 왕들은 현명하게도 자신들을 프랑스의 왕, 스페인의 왕, 영국의 왕 등으로 부른다. 그런 식으로 영토를 점유함으로써 그 영토에 사는 사람들도 확실히 통치하게 된 것이다).[40]

The duty of a patriot is to protect his country from its government(애국자의 의무는 국가를 정부에서 보호하는 것이다). 미국 독립전쟁의 당위성을 역설한 초대형 베스트셀러 『상식 Common Sense』(1776)의 저자인 토머스 페인Thomas Paine, 1737~1809의 말이다. 진정한 애국을 해야지 정권이나 특정 인물을 보고 지지해서는 안 된다는 뜻으로 정권과

해당 정부를 우회적으로 비판한 말이다.[41]

The care of human life and happiness, and not their destruction, is the first and only legitimate object of good government(정부의 유일한 첫 번째 정당한 목적은 국민의 삶을 짓밟는 것이 아니라 행복을 지향하는 것이다).[42] 미국 제3대 대통령 토머스 제퍼슨 Thomas Jefferson, 1743~1826의 말이다.

Every nation has the government that it deserves(각 나라는 누릴 자격이 있는 수준의 정부를 갖는다).[43] 프랑스혁명에 반대하면서 절대왕정과 교황의 지상권을 주장했던 프랑스의 소설가·철학자·정치가인 조제프 드 메스트르Joseph de Maistre, 1753~1821가 1811년 8월 15일자 편지에서 한 말이다.

The less governemnt we have, the better(정부의 역할은 작을수록 좋다).[44] 미국 철학자 랠프 왈도 에머슨Ralph Waldo Emerson, 1803~1882이 『정치 에세이Politics in Essays』(1841)에서 한 말이다.

All government is evil.……The best government is that which governs least(모든 정부는 악惡이다. 최소 통치를 하는 정부가 최상의 정부다). 미국 남부 민주당의 기관지로 영토 확장론을 옹호한 잡지 『유나이티드 스테이츠 매거진 앤드 데모크라틱 리뷰』의 편집자 존 오설리번John L. O'Sullivan, 1813~1895이 1837년 이 잡지에서 한

말이다.

이 주장에 대해 칼럼니스트 월터 리프먼Walter Lippmann, 1889~1974은 1913년에 출간한 『정치학 서설A Preface to Politics』에서 다음과 같이 논평했다.

It is perfectly true that the government is best which governs least. It is equally true that the government is best which provides most(최소 통치를 하는 정부가 최상이라는 건 전적으로 사실이지만, 가장 많이 주는 정부가 최상이라는 것도 전적으로 사실이다).[45]

A government that is big enough to give you all you want is big enough to take it all away(당신이 원하는 걸 모두 줄 수 있을 만큼 큰 정부는 그걸 모두 가져갈 수 있을 만큼 크다).[46] 1964년 미국 대선의 공화당 후보였던 배리 골드워터Barry Goldwater, 1909~1998가 1964년 10월 21일 연설에서 한 말이다.

The government solution to a problem is usually as bad as the problem(정부의 문제 해결은 그 문제만큼이나 나쁜 것이다). '작은 정부'를 외친 미국 경제학자 밀턴 프리드먼Milton Friedman, 1912~2006의 말이다. 프리드먼은 이론가였을 뿐, '작은 정부'의 진정한 전파자요 전도사는 미국 제40대 대통령 로널드 레이건Ronald Reagan, 1911~2004이었다.

Government is not the solution to our problem, government is the problem(정부가 문제의 해결책이 아니라 문제의 핵심이다). 로널드 레이건이 1981년 1월 대통령 취임 연설에서 한 말이다. 그가 대선에서 내건 선거 구호도 같은 메시지였다. Get the government off our backs(정부는 간섭을 줄여야 한다). 그는 사람들을 웃기는 농담마저 동원했다. The nine most terrifying words in the English language are : I'm from the Government, and I'm here to help(영어에서 가장 무서운 아홉 단어는 '나는 정부에서 나왔고 돕기 위해 이곳에 와 있다'이다).

'레이거노믹스Reagonomics'로 명명된 레이건의 경제정책은 이른바 '작은 정부'를 통해 미국이 처한 경제 난국을 타개하겠다는 것으로, 사회 복지 비용을 대폭 삭감하고 세율을 인하해 투자를 촉발함으로써 실업을 줄이고, 따라서 더 많은 세금을 거두어 국방비를 늘리는 동시

에 연방정부의 적자폭을 메꾸어 나가겠다는 경제 청사진이었다.[47]

그로부터 20여 년이 지난 2000년대 후반 세상은 어떻게 달라졌을까? 2008년 10월 17일『뉴욕타임스』엔 다음과 같은 제목의 기사가 실렸다. "The Guys From 'Government Sachs'." 월스트리트의 대표적인 투자은행인 골드만 삭스Goldman Sachs를 '거번먼트 삭스'라고 비꼰 기사였다. 둘 다 약자로는 GS인데, 골드만 삭스가 정부를 워낙 좌지우지하니 '정부'를 뜻하는 단어 government를 앞에 붙여놔도 어색하지 않다는 이야기였다.

당시 전 세계적인 금융위기의 주범은 누구였던가? 이에 대해 경제평론가 이원재는 다음과 같이 말했다. "금융위기의 원인을 추적하고 책임자를 찾아 처벌해야 할 미국 정부가, 바로 그 원인 제공자인 골드만 삭스에게 휘둘리고 있었다. 범죄조직 출신 인사들이 그 조직을 소탕하려는 수사팀을 지휘하고 있었던 셈이다."[48]

머리말 왜 '익숙'을 '진실'로 착각하는가?

1 Marshall McLuhan, 『Understanding Media: The Extensions of Man』
(New York: McGraw-Hill, 1964/1965), p.34; 마셜 매클루언(Marshall
McLuhan), 김성기·이한우 옮김, 『미디어의 이해: 인간의 확장』(민음사,
1964/2002), 73쪽.

2 강준만, 「왜 좋아하는 사람의 곁에 자주 얼씬거리면 데이트 가능성이 높아지
나?: 단순 노출 효과」, 『우리는 왜 이렇게 사는 걸까?: 세상을 꿰뚫는 50가지 이
론 2』(인물과사상사, 2014), 187~192쪽 참고.

3 김태현, 『타인의 속마음, 심리학자들의 명언 700』(리텍콘텐츠, 2020), 92쪽.

4 Max Fisher, 『The Chaos Machine: The Inside Story of How Social
Media Rewired Our Minds and Our World』(New York: Back Bay
Books, 2022/2023), pp.124~125; 맥스 피셔(Max Fisher), 김정아 옮김,
『혼란 유발자들: 인간 심리의 취약점을 이용하는 소셜미디어의 뒷이야기』(제이
펍, 2022/2024), 173~174쪽.

5 김주호, 「팸 투어(Fam Tour)의 진정한 의미」, 2007년 5월 5일, https://
blog.naver.com/jhkim1909/20036787817; 이재진·정철운·박장준, 「연
말엔 기자와 출입처 사이에 □□가 부지기수다」, 『미디어오늘』, 2013년 1월 9
일; 강성원, 「지만원의 '독설'에 아파해야 할 기자들: [기자수첩] 기업 후원 '미

디어 투어' 언제까지 '관행'에 기댈 건가」,『미디어오늘』, 2013년 3월 15일; 강성원,「언론 환경 어려운 때일수록 '이율배반' 아닌 '중심' 잡아야: [해설] 국방부 기자단 '미디어 투어' 무엇이 문제인가」,『미디어오늘』, 2013년 3월 20일; 정민경,「BTS 팸 투어 "김영란법 위반 아냐" 근거 비공개한 권익위」,『미디어오늘』, 2022년 10월 27일.

6   「낯설게 하기」,『위키백과』;「Defamiliarization」,『Wikipedia』.

7   로저 실버스톤(Roger Silverstone), 김세은 옮김,『왜 미디어를 연구하는가?』(커뮤니케이션북스, 1999/2009), 22쪽.

제1장   지지·눈·가슴·이별·사랑

1   안정효,『안정효의 오역 사전』(열린책들, 2013), 217쪽.

2   「dig in」,『네이버 영어사전』;「dig」,『시사영어사/랜덤하우스 영한대사전』(시사영어사, 1991), 628쪽.

3   공실,「Stand by your man-그 사람 곁에 서 있어요(가사, 해석)」, 2022년 3월 19일; https://blog.naver.com/1000gongsil/222677228848

4   정미경,「[정미경의 이런영어 저런미국] '도어스테핑'은 원래 위험천만 취재를 말한다?」,『동아일보』, 2022년 7월 16일; Jeff Gerth & Don Van Natta Jr., 『Her Way: The Hopes and Ambitions of Hillary Rodham Clinton』(New York: Back Bay Books, 2007/2008), p.95.

5   오광수,「[노래의 탄생] 태미 위넷 '스탠 바이 유어 맨'」,『경향신문』, 2018년 4월 23일; 칼 번스타인(Carl Bernstein), 조일준 옮김,『힐러리의 삶』(현문미디어, 2007), 289쪽; 길 트로이(Gil Troy), 정성희 옮김,『세계 최고의 여자 힐러리론』(늘봄, 2006/2008), 91쪽; 힐러리 로댐 클린턴(Hillary Rodham Clinton), 김석희 옮김,『살아 있는 역사』(웅진지식하우스, 2003/2007), 159~160쪽; 래리 플린트(Larry Flynt)·데이비드 아이젠바흐(David Eisenbach), 안병억 옮김,『섹스, 거짓말, 그리고 대통령』(메디치, 2012/2015), 328~330쪽.

6   토머스 빌로드(Thomas J. Vilord) 엮음,『Great Words of Great Minds: 성공 명언 1001 영한대역』(샘앤파커스, 2006/2007), 517쪽.

7   정미경,「[정미경의 이런영어 저런미국] "나는 사람을 너무 잘 믿어서 탈이야"」,

『동아일보』, 2021년 12월 20일.

8   정미경, 「[정미경의 이런영어 저런미국] "전화했다간…" 이 대통령이 손으로 목 그은 이유」, 『동아일보』, 2023년 3월 11일; Evan Vucci et al., 「Biden declares 'Kyiv stands' in surprise visit to Ukraine」, 『AP News』, February 21, 2023.

9   Martin H. Manser, 『Get to the Roots: A Dictionary of Word & Phrase Origins』(New York: Avon Books, 1990), p.92.

10 임귀열, 「[임귀열 영어] Famous Quotes in common(유명 격언엔 공통점 이)」, 『한국일보』, 2012년 2월 1일.

11 Adrian Room, 『Brewer's Dictionary of Modern Phrase & Fable』(London: Cassell, 2002), pp.35, 205, 219.

12 강준만, 「pie in the sky」, 『교양영어사전』(인물과사상사, 2012), 529~530쪽 참고.

13 Adrian Room, 『Brewer's Dictionary of Modern Phrase & Fable』(London: Cassell, 2002), p, 219; 「eye in the sky」, 『Wiktionary』.

14 「eyesore」, 『시사영어사/랜덤하우스 영한대사전』(시사영어사, 1991), 795쪽.

15 John M. Glionna, 「South Korea churches' beacons an eyesore to some」, 『Los Angeles Times』, August 20, 2011; 이국배, 「'LA 타임즈'가 본 대한민국 24시」, 『피디저널』, 2011년 8월 30일.

16 임귀열, 「[임귀열 영어] Famous Quotes in common(유명 격언엔 공통점 이)」, 『한국일보』, 2012년 2월 1일.

17 P. T. Barnum, 『The Art of Money Getting or Golden Rules for Making Money』(Watchmaker, 1880/1932), p.8; P. T. 바넘(P. T. Barnum), 서유진 옮김, 『부의 황금률: 150년 전 부자, 바넘이 들려주는』(스마트비즈니스, 1880/2007), 18쪽.

18 정미경, 「[정미경의 이런영어 저런미국] '굴러다니는 포탄'이 싫었던 이 대통령」, 『동아일보』, 2022년 10월 15일.

19 김봉중, 『카우보이들의 외교사: 먼로주의에서 부시 독트린까지 미국의 외교 전략』(푸른역사, 2006).

20 Howard Rheingold, 『Smart Mobs: The Next Social Revolution』(Cambridge, MA: Basic Books, 2002), p.192; 하워드 라인골드(Howard

Rheingold), 이운경 옮김, 『참여군중: 휴대폰과 인터넷으로 무장한 새로운 군중』(황금가지, 2002/2003), 362쪽.

21 Walter Isaacson, 『Steve Jobs』(New York: Simon & Schuster, 2011), p.203; 월터 아이작슨(Walter Isaacson), 안진환 옮김, 『스티브 잡스』(민음사, 2011), 334쪽.

22 Walter Isaacson, 『Steve Jobs』(New York: Simon & Schuster, 2011), p.206; 월터 아이작슨(Walter Isaacson), 안진환 옮김, 『스티브 잡스』(민음사, 2011), 339쪽.

23 정미경, 「[정미경의 이런영어 저런미국] "그래, 또 보자"」, 『동아일보』, 2021년 10월 25일.

24 「Heart」, 『Wikipedia』.

25 「Athletic heart syndrome」, 『Wikipedia』.

26 Ronald W. Dworkin, 『Artificial Happiness: The Dark Side of the New Happy Class』(New York: Carroll & Graf Publishers, 2006), pp.113~114.

27 임귀열, 「[임귀열 영어] A light heart lives long(걱정 없이 살아야 장수한다)」, 『한국일보』, 2012년 1월 25일.

28 안정효, 『안정효의 오역 사전』(열린책들, 2013), 245쪽.

29 Marvin Terban, 『Scholastic Dictionary of Idioms』(New York: Scholastic, 1996), p.69.

30 김태현, 『세상의 통찰: 철학자들의 명언 500』(리텍콘텐츠, 2020), 69쪽.

31 김태현, 『세상의 통찰: 철학자들의 명언 500』(리텍콘텐츠, 2020), 135쪽.

32 정미경, 「[정미경의 이런영어 저런미국] 암스트롱이 달을 밟고 한 말에서 'a'가 없는 이유」, 『동아일보』, 2023년 6월 10일.

33 정미경, 「[정미경의 이런영어 저런미국] "모든 일에 진심을 다하라"」, 『동아일보』, 2022년 3월 14일.

34 최성애, 『나와 우리 아이를 살리는 회복탄력성: 최성애 박사의 행복 에너지 충전법』(해냄, 2014), 131쪽.

35 이유진, 「"페미니즘은 기존의 환경·계급에 대한 대안적 진보다"」, 『한겨레』, 2005년 11월 11일, 27면.

36 「go」, 『시사영어사/랜덤하우스 영한대사전』(시사영어사, 1991), 957쪽.

37 임귀열, 「[임귀열 영어] How to respond(응답의 요령)」, 『한국일보』, 2011년 8월 2일.

38 정미경, 「[정미경의 이런영어 저런미국] 디즈니, '꿈의 동산'에서 '이념 전쟁터'가 됐다」, 『동아일보』, 2022년 5월 28일.

39 「going forward」, 『네이버 영어사전』.

40 임귀열, 「[임귀열 영어] Let's avoid buzz words」, 『한국일보』, 2010년 12월 2일.

41 「go-getter」, 『네이버 영어사전』.

42 안정효, 『안정효의 오역 사전』(열린책들, 2013), 324쪽.

43 정미경, 「[정미경의 이런영어 저런미국] 미국 대선 토론에도 '간장공장공장장'이 있다?!」, 『동아일보』, 2023년 9월 20일.

44 Hamilton Jordan, 『Crisis: The Last Year of the Carter Presidency』 (New York: Putnam's, 1982); Edwin Diamond&Stephen Bates, 『The Spot: The Rise of Political Advertising on Television』(Cambridge, Mass.: MIT Press, 1984).

45 정미경, 「[정미경의 이런영어 저런미국] 미국 대선 토론에도 '간장공장공장장'이 있다?!」, 『동아일보』, 2023년 9월 20일.

46 David Brooks, 『The Road to Character』(New York: Penguin Books, 2015/2016), p.163; 데이비드 브룩스(David Brooks), 김희정 옮김, 『인간의 품격: 삶은 성공이 아닌 성장의 이야기다』(부키, 2015), 293~294쪽.

47 David Brooks, 『The Road to Character』(New York: Penguin Books, 2015/2016), p.163; 데이비드 브룩스(David Brooks), 김희정 옮김, 『인간의 품격: 삶은 성공이 아닌 성장의 이야기다』(부키, 2015), 293~294쪽.

48 김태현, 『타인의 속마음, 심리학자들의 명언 700』(리텍콘텐츠, 2020), 19쪽.

49 Andrew Morton, 『Madonna』(New York: St. Martin's Press, 2001), p.21; 앤드루 모튼(Andrew Morton), 유소영 옮김, 『Madonna-Sexual Life: 울지마, 울지마, 울지마』(나무와숲, 2001/2003), 29쪽.

50 A. C. Grayling, 『The Meaning of Things: Applying Philosophy to Life』(London, UK: W&N, 2001/2002), p.63; A. C. 그레일링(A. C. Grayling), 남경태 옮김, 『미덕과 악덕에 관한 철학사전』(에코의서재, 2001/2006), 89쪽.

51 A. C. Grayling, 『The Meaning of Things: Applying Philosophy to Life』(London, UK: W&N, 2001/2002), p.64; A. C. 그레일링(A. C. Grayling), 남경태 옮김, 『미덕과 악덕에 관한 철학사전』(에코의서재, 2001/2006), 90쪽.

52 「express」, 『시사영어사/랜덤하우스 영한대사전』(시사영어사, 1991), 787쪽.

제2장 유머·우울증·낙관주의·교육·어린이

1   안정효, 『안정효의 오역 사전』(열린책들, 2013), 379~380쪽.

2   Daniel J. Boorstin, 『The Discoverers: A History of Man's Search to Know His World and Himself』(New York: Random House, 1983), p.341; 대니얼 J. 부어스틴(Daniel J. Boorstin), 이성범 옮김, 『발견자들 II』(범양사출판부, 1983/1986), 87쪽.

3   임귀열, 「[임귀열 영어] Damn It is not his last name(댐잇은 신의 성이 아니다)」, 『한국일보』, 2011년 6월 22일.

4   김태현, 『타인의 속마음, 심리학자들의 명언 700』(리텍콘텐츠, 2020), 49쪽.

5   Marshall McLuhan, 『Understanding Media: The Extensions of Man』(New York: McGraw-Hill, 1964/1965), p.235; 마셜 매클루언(Marshall McLuhan), 김성기·이한우 옮김, 『미디어의 이해: 인간의 확장』(민음사, 1964/2002), 329쪽.

6   Saul Alinsky, 『Rules for Radicals: A Pragmatic Primer for Realistic Radicals』(New York: Vintage Books, 1971/1989), p.75; 솔 알린스키(Saul D. Alinsky), 박순성·박지우 옮김, 『급진주의자를 위한 규칙: 현실적 급진주의자를 위한 실천적 입문서』(아르케, 1971/2008), 128~129쪽.

7   정미경, 「[정미경의 이런영어 저런미국] "우리는 '웃긴 대통령'을 원한다"」, 『동아일보』, 2022년 6월 11일.

8   Arianna Huffington, 『On Becoming Fearless』](New York: Little, Brown Co., 2006), p.102; 아리아나 허핑턴(Arianna Huffington), 이현주 옮김, 『담대하라, 나는 자유다』(해냄, 2006/2012), 62쪽.

9   최현석, 『인간의 모든 감정: 우리는 왜 슬프고 기쁘고 사랑하고 분노하는가』(서

해문집, 2011), 157~158쪽; M. 스콧 펙(M. Scott Peck), 김훈 옮김, 『거석을 찾아서 내 영혼을 찾아서』(고려원미디어, 1995/1996), 95쪽.

10 「Economic depression」, 『Wikipedia』; 「depression」, 『시사영어사/랜 덤하우스 영한대사전』(시사영어사, 1991), 697쪽.

11 Martin E. P. Seligman, 『Learned Optimism: How to Change Your Mind and Your Life』(New York: Vintage Books, 1990/2006), pp.10~11; 마틴 셀리그먼(Martin E. P. Seligman), 우문식·최호영 옮김, 『낙관성 학습』(물푸레, 1990/2012), 43~44쪽.

12 김태현, 『타인의 속마음, 심리학자들의 명언 700』(리텍콘텐츠, 2020), 26쪽.

13 Tal Ben-Shahar, 『Happier: Learn the Secrets to Daily Joy and Lasting Fulfillment』(New York: McGraw Hill, 2007), p.59; 탈 벤-샤하르(Tal Ben-Shahar), 노혜숙 옮김, 『해피어: 하버드대 행복학 강의』(위즈덤 하우스, 2007), 112쪽.

14 강준만, 「왜 무식한 대통령이 훌륭한 지도자가 될 수 있는가?: 감성 지능」, 『독선 사회: 세상을 꿰뚫는 50가지 이론 4』(인물과사상사, 2015), 129~134쪽 참고.

15 A. C. Grayling, 『The Meaning of Things: Applying Philosophy to Life』(London, UK: W&N, 2001/2002), pp.96~97; A. C. 그레일링(A. C. Grayling), 남경태 옮김, 『미덕과 악덕에 관한 철학사전』(에코의서재, 2001/2006), 130~132쪽.

16 Lee Hyeon-seung & Lee So-yeon, 「Why Korea is the most depressed country?: An American influencer's Youtube goes viral」, 『The Chosun Daily』, January 29, 2024; 이현승, 「"한국은 왜 세 계에서 가장 우울한 나라가 됐나" 美 베스트셀러 작가 영상 화제」, 『조선일보』, 2024년 1월 29일.

17 Ambrose Bierce, 『The Devil's Dictionary』(New York: Bloomsbury, 1906/2008), p.103.

18 Ambrose Bierce, 『The Devil's Dictionary』(New York: Bloomsbury, 1906/2008), p.103; 앰브로즈 비어스(Ambrose Bierce), 정시연 옮김, 『악 마의 사전』(이른아침, 1906/2005), 37~38쪽.

19 Bertrand Russell, 『Mortals and Others: American Essays 1931- 1935 Volumes I and II』(New York: Routledge, 1975/2009), p.70; 버

트런드 러셀(Bertrand Russell), 송은경 옮김,『인간과 그밖의 것들』(오늘의 책, 1975/2005), 123~124쪽.

20 토머스 빌로드(Thomas J. Vilord) 엮음,『Great Words of Great Minds: 성공 명언 1001 영한대역』(쌤앤파커스, 2006/2007), 664쪽.

21 이동진 편역,『세계의 명언 1』(해누리, 2007), 941쪽.

22 김태현,『세상의 통찰: 철학자들의 명언 500』(리텍콘텐츠, 2020), 146쪽.

23 토머스 빌로드(Thomas J. Vilord) 엮음,『Great Words of Great Minds: 성공 명언 1001 영한대역』(쌤앤파커스, 2006/2007), 311쪽.

24 김태현,『타인의 속마음, 심리학자들의 명언 700』(리텍콘텐츠, 2020), 53쪽.

25 Martin E. P. Seligman,『Learned Optimism: How to Change Your Mind and Your Life』(New York: Vintage Books, 1990/2006), p.108; 마틴 셀리그먼(Martin E. P. Seligman), 우문식·최호영 옮김,『낙관성 학습』(물푸레, 1990/2012), 201~202쪽.

26 「마스토돈」,『나무위키』.

27 Bertrand Russell,『Mortals and Others: American Essays 1931- 1935 Volumes I and II』(New York: Routledge, 1975/2009), pp.122~124; 버트런드 러셀(Bertrand Russell), 송은경 옮김,『인간과 그밖의 것들』(오늘의책, 1975/2005), 211~213쪽.

28 이미도,「[이미도의 무비 識道樂] [72] If you're having fun, you're learning」,『조선일보』, 2018년 6월 9일.

29 김태현,『타인의 속마음, 심리학자들의 명언 700』(리텍콘텐츠, 2020), 180쪽.

30 이미도,「[이미도의 무비 識道樂] [72] If you're having fun, you're learning」,『조선일보』, 2018년 6월 9일.

31 정미경,「[정미경의 이런영어 저런미국] 딸의 꿈을 꺾은 딸바보 대통령이 있다?」,『동아일보』, 2022년 12월 3일.

32 이미도,「[이미도의 무비 識道樂] [72] If you're having fun, you're learning」,『조선일보』, 2018년 6월 9일.

33 Janet Lowe,『Google Speaks: Secrets of the World's Greatest Billionaire Entrepreneurs, Sergey Brin and Larry Page』(Hoboken, NJ: John Wiley & Sons, 2009), p.27; 재닛 로우(Janet Lowe), 배현 옮김,『구글 파워: 전 세계 선망과 두려움의 기업』(애플트리태일즈, 2009/2010),

38~39쪽.

34 Susan Linn, 『Consuming Kids: The Hostile Takeover of Childhood』(New York: The New Press, 2004), p.11; 수전 린(Susan Linn), 김승욱 옮김, 『TV 광고 아이들: 우리 아이들을 위협하는 키즈 마케팅』(들녘, 2004/2006), 30쪽.

35 Susan Linn, 『Consuming Kids: The Hostile Takeover of Childhood』(New York: The New Press, 2004), p.219; 수전 린(Susan Linn), 김승욱 옮김, 『TV 광고 아이들: 우리 아이들을 위협하는 키즈 마케팅』(들녘, 2004/2006), 312쪽.

36 Martin E. P. Seligman, 『Authentic Happiness: Using the New Positive Psychology to Realize Your Potential for Lasting Fulfillment』(New York: Free Press, 2002/2004), p.67; 마틴 셀리그먼(Martin E. P. Seligman), 김인자 옮김, 『긍정심리학』(물푸레, 2004/2009), 110~111쪽.

37 Tal Ben-Shahar, 『Happier: Learn the Secrets to Daily Joy and Lasting Fulfillment』(New York: McGraw Hill, 2007), p.152; 탈 벤-샤하르(Tal Ben-Shahar), 노혜숙 옮김, 『해피어: 하버드대 행복학 강의』(위즈덤하우스, 2007), 266쪽.

38 정미경, 「[정미경의 이런영어 저런미국] 대통령이 하의실종 패션을?」, 『동아일보』, 2024년 1월 17일; Lynn Chaya, 「A look at Joe Biden's diet who staff says 'eats like a child'」, 『National Post』, May 8, 2023.

39 정미경, 「[정미경의 이런영어 저런미국] 해리포터와 초챙이 키스할 때 뭐가 나타났다고?」, 『동아일보』, 2023년 12월 20일; Christy Choi and Sam Fossum, 「First lady Jill Biden unveils White House holiday decorations」, 『CNN』, November 28, 2023.

제3장 진실·시간·인생·상실·신뢰

1 Cass R. Sunstein, 『Liars: Falsehoods and Free Speech in an Age of Deception』(New York: Oxford University Press, 2021), p.6; 캐스 선스타인(Cass R. Sunstein), 김도원 옮김, 『라이어스: 기만의 시대, 허위사실과

표현의 자유』(아르테, 2021/2023), 25쪽.

2 김태현, 『세상의 통찰: 철학자들의 명언 500』(리텍콘텐츠, 2020), 69쪽.

3 김태현, 『세상의 통찰: 철학자들의 명언 500』(리텍콘텐츠, 2020), 79쪽.

4 Daniel J. Boorstin, 『The Seekers: The Story of Man's Continuing Quest to Understand His World)』(New York: Vintage Books, 1998/1999), p.243; 대니얼 부어스틴(Daniel J. Boorstin), 강정인·전재호 옮김, 『탐구자들: 진리를 추구한 사람들의 위대한 역사』(세종서적, 1998/2000), 387쪽.

5 김태현, 『세상의 통찰: 철학자들의 명언 500』(리텍콘텐츠, 2020), 91쪽.

6 정미경, 「[정미경의 이런영어 저런미국] 챗GPT가 스테로이드를 맞았다고?」, 『동아일보』, 2023년 6월 3일.

7 Larry Martz, 「Ollie Takes the Hill(Cover Story)」, 『Newsweek』, July 20, 1987, pp.12~20.

8 Martin H. Manser, 『Get to the Roots: A Dictionary of Word & Phrase Origins』(New York: Avon Books, 1990), pp.152~153; Max Cryer, 『Common Phrases』(New York: Skyhorse, 2010), pp.181~182; Georgia Hole, 『The Real McCoy: The True Stories Behind Our Everyday Phrases』(New York: Oxford University Press, 2005), p.113.

9 김민수, 「젊은 그들이 펼친 한 판의 크리에이티브 향연」, 『CHEIL WORLDWIDE』, 2008년 1월, 44~45쪽.

10 김봉수 외, 『평판사회: 땅콩회항 이후, 기업경영은 어떻게 달라져야 하는가』(알에이치코리아, 2015), 257쪽.

11 김난도 외, 『트렌드 코리아 2011』(미래의창, 2010), 260~261쪽.

12 문강형준, 『혁명은 TV에 나오지 않는다』(이매진, 2012), 51~53쪽.

13 「Truth serum」, 『Wikipedia』; 엘리자베스 로프터스(Elizabeth F. Loftus)·캐서린 케첨(Katherine Ketcham), 정준형 옮김, 『우리 기억은 진짜 기억일까?: 거짓기억과 성추행 의혹의 진실』(도솔, 1996/2008), 193쪽.

14 Brigid Schulte, 『Overwhelmed: How to Work, Love, and Play When No One Has the Time』(New York: Picador, 2014/2015), p.3; 브리짓 슐트(Brigid Schulte), 안진이 옮김, 『타임 푸어: 항상 시간에 쫓기는 현대인을 위한 일·가사·휴식 균형 잡기』(더퀘스트, 2014/2015), 9쪽.

15 김태현, 『세상의 통찰: 철학자들의 명언 500』(리텍콘텐츠, 2020), 31쪽.

16 Theodore Zeldin, 『An Intimate History of Humanity』(London: Vintage Books, 1994/1998), p.351; 테오도르 젤딘(Theodore Zeldin), 김태우 옮김, 『인간의 내밀한 역사』(강, 1994/1999), 440쪽.

17 Daniel J. Boorstin, 『The Discoverers: A History of Man's Search to Know His World and Himself』(New York: Random House, 1983), p.1; 대니얼 J. 부어스틴(Daniel J. Boorstin), 이성범 옮김, 『발견자들 I』(범양사출판부, 1983/1986), 17쪽.

18 김태현, 『세상의 통찰: 철학자들의 명언 500』(리텍콘텐츠, 2020), 65쪽.

19 Brigid Schulte, 『Overwhelmed: How to Work, Love, and Play When No One Has the Time』(New York: Picador, 2014/2015), p.279; 브리짓 슐트(Brigid Schulte), 안진이 옮김, 『타임 푸어: 항상 시간에 쫓기는 현대인을 위한 일·가사·휴식 균형 잡기』(더퀘스트, 2014/2015), 446쪽.

20 토머스 빌로드(Thomas J. Vilord) 엮음, 『Great Words of Great Minds: 성공 명언 1001 영한대역』(쌤앤파커스, 2006/2007), 428쪽.

21 김대균, 「[김대균의 영어 산책] 억만장자(billionaire)들의 명언으로 배우는 영어 공부」, 『Korea Herald』, 2023년 10월 27일.

22 Brigid Schulte, 『Overwhelmed: How to Work, Love, and Play When No One Has the Time』(New York: Picador, 2014/2015), p.281; 브리짓 슐트(Brigid Schulte), 안진이 옮김, 『타임 푸어: 항상 시간에 쫓기는 현대인을 위한 일·가사·휴식 균형 잡기』(더퀘스트, 2014/2015), 449쪽.

23 Brigid Schulte, 『Overwhelmed: How to Work, Love, and Play When No One Has the Time』(New York: Picador, 2014/2015), p.277; 브리짓 슐트(Brigid Schulte), 안진이 옮김, 『타임 푸어: 항상 시간에 쫓기는 현대인을 위한 일·가사·휴식 균형 잡기』(더퀘스트, 2014/2015), 442쪽.

24 류대성, 『사적인 글쓰기』(휴머니스트, 2018), 109쪽; 더글러스 러시코프(Douglas Rushkoff), 박종성·장석훈 옮김, 『현재의 충격: 모든 것이 지금 일어나고 있다』(청림출판, 2013/2014), 161쪽.

25 Tal Ben-Shahar, 『Happier: Learn the Secrets to Daily Joy and Lasting Fulfillment』(New York: McGraw Hill, 2007), p.156; 탈 벤-샤하르(Tal Ben-Shahar), 노혜숙 옮김, 『해피어: 하버드대 행복학 강의』(위즈덤하우스, 2007), 271쪽.

26 정김경숙,『영어, 이번에는 끝까지 가봅시다』(웅진지식하우스, 2024), 156~157쪽.

27 Saul Alinsky,『Rules for Radicals: A Pragmatic Primer for Realistic Radicals』(New York: Vintage Books, 1971/1989), p.14; 솔 알린스키(Saul D. Alinsky), 박순성·박지우 옮김,『급진주의자를 위한 규칙: 현실적 급진주의자를 위한 실천적 입문서』(아르케, 1971/2008), 54쪽.

28 「dispense」,『시사영어사/랜덤하우스 영한대사전』(시사영어사, 1991), 646쪽.

29 David Brooks,『The Road to Character』(New York: Penguin Books, 2015/2016), p.10; 데이비드 브룩스(David Brooks), 김희정 옮김,『인간의 품격: 삶은 성공이 아닌 성장의 이야기다』(부키, 2015), 32쪽.

30 Saul Alinsky,『Rules for Radicals: A Pragmatic Primer for Realistic Radicals』(New York: Vintage Books, 1971/1989), pp.14~15; 솔 알린스키(Saul D. Alinsky), 박순성·박지우 옮김,『급진주의자를 위한 규칙: 현실적 급진주의자를 위한 실천적 입문서』(아르케, 1971/2008), 54~55쪽.

31 「shed」,『시사영어사/랜덤하우스 영한대사전』(시사영어사, 1991), 2115쪽.

32 Brigid Schulte,『Overwhelmed: How to Work, Love, and Play When No One Has the Time』(New York: Picador, 2014/2015), p.19; 브리짓 슐트(Brigid Schulte), 안진이 옮김,『타임 푸어: 항상 시간에 쫓기는 현대인을 위한 일·가사·휴식 균형 잡기』(더퀘스트, 2014/2015), 36쪽.

33 토머스 빌로드(Thomas J. Vilord) 엮음,『Great Words of Great Minds: 성공 명언 1001 영한대역』(쌤앤파커스, 2006/2007), 499쪽.

34 토머스 빌로드(Thomas J. Vilord) 엮음,『Great Words of Great Minds: 성공 명언 1001 영한대역』(쌤앤파커스, 2006/2007), 476쪽.

35 Walter Isaacson,『Steve Jobs』(New York: Simon & Schuster, 2011), p.414; 월터 아이작슨(Walter Isaacson), 안진환 옮김,『스티브 잡스』(민음사, 2011), 657쪽.

36 Leonard Roy Frank, ed.,『Quotationary』(New York: Random House, 2010), p.465.

37 김태현,『실리콘밸리 천재들의 생각 아포리즘』(리텍콘텐츠, 2023), 21쪽.

38 김대균,「[김대균의 영어 산책] 억만장자(billionaire)들의 명언으로 배우는 영어 공부」,『Korea Herald』, 2023년 10월 27일.

39 임귀열, 「[임귀열 영어] Cases of 'Use it or lose it'(용불용설?)」, 『한국일보』, 2014년 11월 25일.

40 정미경, 「[정미경의 이런영어 저런미국] 케네디 대통령 따라다닌 '가방맨' 정체는?」, 『동아일보』, 2022년 8월 2일.

41 임기창, 「레이건 장남 "남동생, 아버지 팔아 책장사"」, 『연합뉴스』, 2011년 1월 17일.

42 정미경, 「[정미경의 이런영어 저런미국] 존 트라볼타와 춤춘 다이애나 왕세자비 "사실 저는…"」, 『동아일보』, 2022년 12월 10일.

43 임귀열, 「[임귀열 영어] You fools, You losers!(당신들은 못난이)」, 『한국일보』, 2014년 1월 22일.

44 김태현, 『타인의 속마음, 심리학자들의 명언 700』(리텍콘텐츠, 2020), 53쪽.

45 Don R. Pember, 『Mass Media Law』 3rd ed. (Dubuque, Iowa: Wm.C.Brown, 1984), p.490; 김기찬·송창석·임일, 『플랫폼의 눈으로 세상을 보라: 세상을 바꾸는 새로운 패러다임, 플랫폼』(성안북스, 2015), 43쪽; 강준만, 「왜 우리는 "가만 있으면 중간은 간다"고 하는가?: 손실 회피 편향」, 『감정 독재: 세상을 꿰뚫는 50가지 이론 1』(인물과사상사, 2013), 78~82쪽; 강준만, 「왜 혁신은 대도시에서 일어나는가?: 네트워크 효과」, 『생각의 문법: 세상을 꿰뚫는 50가지 이론 3』(인물과사상사, 2015), 279~283쪽 참고.

46 임귀열, 「[임귀열 영어] Three Things not to be trusted(믿어서는 안 되는 세 가지)」, 『한국일보』, 2012년 9월 26일.

47 Theodore Zeldin, 『An Intimate History of Humanity』(London: Vintage Books, 1994/1998), p.142.

48 김성곤, 『영화속의 문화』(서울대학교출판부, 2004), 35쪽.

49 Robert D. Putnam, 『Bowling Alone: The Collapse of Revival of American Community』(New York: A Touchstone Book, 2000/ 2001), p.136; 로버트 퍼트넘(Robert D. Putnam), 정승현 옮김, 『나 홀로 볼링: 볼링 얼론-사회적 커뮤니티의 붕괴와 소생』(페이퍼로드, 2000/2009), 220쪽.

50 James Surowiecki, 『The Wisdom of Crowds』(New York: Anchor Books, 2004/2005), p.124; 제임스 서로위키(James Surowiecki), 홍대운·이창근 옮김, 『대중의 지혜: 시장과 사회를 움직이는 힘』(랜덤하우스중앙,

2004/2005), 174쪽.

51 James Surowiecki, 『The Wisdom of Crowds』(New York: Anchor Books, 2004/2005), pp.123~124; 제임스 서로위키(James Surowiecki), 홍대운·이창근 옮김, 『대중의 지혜: 시장과 사회를 움직이는 힘』(랜덤하우스중앙, 2004/2005), 173쪽.

52 Robert D. Putnam, 『Bowling Alone: The Collapse of Revival of American Community』(New York: A Touchstone Book, 2000/2001), p.138; 로버트 퍼트넘(Robert D. Putnam), 정승현 옮김, 『나 홀로 볼링: 볼링 얼론-사회적 커뮤니티의 붕괴와 소생』(페이퍼로드, 2000/2009), 224쪽.

53 Robert D. Putnam, 『Bowling Alone: The Collapse of Revival of American Community』(New York: A Touchstone Book, 2000/2001), p.136; 로버트 퍼트넘(Robert D. Putnam), 정승현 옮김, 『나 홀로 볼링: 볼링 얼론-사회적 커뮤니티의 붕괴와 소생』(페이퍼로드, 2000/2009), 221쪽.

54 David Callahan, 『The Cheating Culture: Why More Americans Are Doing Wrong to Get Ahead』(New York: A Harvest Book, 2004), p.92; 데이비드 캘러헌(David Callahan), 강미경 옮김, 『치팅 컬처: 거짓과 편법을 부추기는 문화』(서돌, 2004/2008), 118쪽.

55 David Callahan, 『The Cheating Culture: Why More Americans Are Doing Wrong to Get Ahead』(New York: A Harvest Book, 2004), p.95; 데이비드 캘러헌(David Callahan), 강미경 옮김, 『치팅 컬처: 거짓과 편법을 부추기는 문화』(서돌, 2004/2008), 122쪽.

56 Christine Ammer, 『The Facts on File Dictionary of Clichés』(New York: Checkmark Books, 2001), p.121.

제4장 무지·신용·자신감·선택·변화

1 최광, 「이성(理性)으로 투표하는 법」, 『문화일보』, 2012년 11월 27일; 정경훈, 「이디오테스(ideotes)」, 『매일신문』, 2012년 3월 29일.

2 클레이 존슨(Clay Johnson), 김상현 옮김, 『똑똑한 정보 밥상: 몸에 좋은 정보 쏙쏙 가려먹기』(에이콘, 2011/2012), 227쪽.

3 「무지에 호소하는 오류」, 『네이버 지식백과』; 「Arugument from ignorance」, 『두산백과(두산백과 두피디아)』.

4 Lewis C. Henry, ed., 『Best Quotations for All Occasions』(New York: Fawcett Premier, 1986), p.216.

5 김태현, 『세상의 통찰: 철학자들의 명언 500』(리텍콘텐츠, 2020), 129쪽.

6 Robert I. Fitzhenry, ed., 『The Harper Book of Quotations』(New York: HarperPerennial, 1993), p.230.

7 엘런 랭어(Ellen J. Langer), 김한 옮김, 『마음챙김 학습의 힘』(동인, 1997/2011), 166쪽.

8 E. E. Schattschneider, 『The Semi-Sovereign People: A Realists' View of Democracy in America』(New York: Holt, Rinehart and Winston, 1960), pp.136~137; E. E. 샤츠슈나이더(E. E. Schattschneider), 현재호·박수형 옮김, 『절반의 인민주권』(후마니타스, 1960/1975/2008), 216~217쪽.

9 Donald O. Bolander, ed., 『Instant Quotation Dictionary』(Little Falls, NJ: Career Publishing, 1981), p.146.

10 David Brooks, 『The Road to Character』(New York: Penguin Books, 2015/2016), p.8; 데이비드 브룩스(David Brooks), 김희정 옮김, 『인간의 품격: 삶은 성공이 아닌 성장의 이야기다』(부키, 2015), 30쪽.

11 조지 애커로프(George A. Akerlof)·로버트 실러(Robert J. Schiller), 김태훈 옮김, 『야성적 충동: 인간의 비이상적 심리가 경제에 미치는 영향』(알에이치코리아, 2009), 37쪽.

12 Frederick Lewis Allen, 『Only Yesterday: An Informal History of the Nineteen-Twenties·(New York: Bantam Books, 1931), p.192; F. L. 알렌(Frederick Lewis Allen), 박진빈 옮김, 『원더풀 아메리카』(앨피, 1931/2006), 224쪽.

13 Donald O. Bolander, ed., 『Instant Quotation Dictionary』(Little Falls, NJ: Career Publishing, 1981), p.114; 「credit」, 『시사영어사/랜덤하우스 영한대사전』(시사영어사, 1991), 533쪽.

14 하워드 민즈(Howard Means), 김용주 옮김, 『콜린 파월 그를 알면 미국이 보

인다』(삼문, 1992/2001), 3쪽.

15 David Brooks, 『The Road to Character』(New York: Penguin Books, 2015/2016), p.66; 데이비드 브룩스(David Brooks), 김희정 옮김, 『인간의 품격: 삶은 성공이 아닌 성장의 이야기다』(부키, 2015), 128~129쪽.

16 곽아람, 「일터의 '도른자' 대처하려면…감정싸움 대신 그의 행동 기록하라: [Books가 만난 사람] 테사 웨스트 뉴욕대 교수」, 『조선일보』, 2023년 11월 18일.

17 「Yesterday」, 『Wikipedia』.

18 조지 애커로프(George A. Akerlof)·로버트 실러(Robert J. Schiller), 김태훈 옮김, 『야성적 충동: 인간의 비이상적 심리가 경제에 미치는 영향』(알에이치코리아, 2009), 37쪽.

19 김태현, 『세상의 통찰: 철학자들의 명언 500』(리텍콘텐츠, 2020), 49~50쪽.

20 토머스 빌로드(Thomas J. Vilord) 엮음, 『Great Words of Great Minds: 성공 명언 1001 영한대역』(쌤앤파커스, 2006/2007), 157쪽.

21 토머스 빌로드(Thomas J. Vilord) 엮음, 『Great Words of Great Minds: 성공 명언 1001 영한대역』(쌤앤파커스, 2006/2007), 179쪽.

22 토머스 빌로드(Thomas J. Vilord) 엮음, 『Great Words of Great Minds: 성공 명언 1001 영한대역』(쌤앤파커스, 2006/2007), 178쪽.

23 김대균, 「[김대균의 영어 산책] 유명 스포츠 스타들의 명언으로 공부하는 영어」, 『Korea Herald』, 2023년 11월 17일.

24 토머스 빌로드(Thomas J. Vilord) 엮음, 『Great Words of Great Minds: 성공 명언 1001 영한대역』(쌤앤파커스, 2006/2007), 267쪽.

25 Tal Ben-Shahar, 『The Pursuit of Perfect: How to Stop Chasing Perfection and Start Living a Richer, Happier Life』(New York: McGraw Hill, 2009), pp.124~125; 탈 벤-샤하르(Tal Ben-Shahar), 노혜숙 옮김, 『완벽의 추구』(위즈덤하우스, 2009/2010), 180쪽; 강준만, 「왜 "그냥 너답게 행동하라"는 조언은 우리에게 무익한가?: 고착형 마인드세트」, 『생각과 착각: 세상을 꿰뚫는 50가지 이론 5』(인물과사상사, 2016), 129~134쪽 참고.

26 「intrigue」, 『시사영어사/랜덤하우스 영한대사전』(시사영어사, 1991), 1186쪽.

27) 칩 히스(Chip Heath)·댄 히스(Dan Heath), 안진환 옮김, 『자신있게 결정하라: 불확실함에 맞서는 생각의 프로세스』(웅진지식하우스, 2013), 34~36쪽.

28 이현수, 「[직장인 심리학 콘서트] 그대의 억울함은 진짜일까?」, 『매일경제』, 2013년 3월 13일.

29 토머스 길로비치(Thomas Gilovich), 이양원·장근영 옮김, 『인간 그 속기 쉬운 동물: 미신과 속설은 어떻게 생기나』(모멘토, 1991/2008), 117~118쪽; 송동근, 「"난 투자에 소질 있나봐" 화려한 착각의 함정」, 『동아일보』, 2009년 9월 14일; 강준만, 「왜 사람들은 대부분 자신이 운전을 잘한다고 생각할까?: 과신 오류」, 『감정 독재: 세상을 꿰뚫는 50가지 이론 1』(인물과사상사, 2013), 193~198쪽 참고.

30 Brian Klaas, 『Corruptible: Who Gets Power and How It Changes Us』(London: John Murray, 2021/2022), p.104; 브라이언 클라스(Brian Klaas), 서종민 옮김, 『권력의 심리학: 누가 권력을 쥐고, 권력은 우리를 어떻게 바꾸는가』(웅진지식하우스, 2021/2022), 187~188쪽.

31 김태현, 『타인의 속마음, 심리학자들의 명언 700』(리텍콘텐츠, 2020), 24쪽.

32 김태현, 『세상의 통찰: 철학자들의 명언 500』(리텍콘텐츠, 2020), 144쪽.

33 김태현, 『타인의 속마음, 심리학자들의 명언 700』(리텍콘텐츠, 2020), 208쪽.

34 Chris Anderson, 『The Long Tail: Why the Future of Business Is Selling Less of More』(New York: Hyperion, 2006/2008), p.171; 크리스 앤더슨(Chris Anderson), 이노무브그룹 외 옮김, 『롱테일 경제학』(랜덤하우스, 2006), 312쪽.

35 배리 슈워츠(Barry Schwartz), 형선호 옮김, 『선택의 심리학』(웅진지식하우스, 2004/2005); Susie Dent, 『fanboys and overdogs: the language report』(New York: Oxford University Press, 2005), p.9; 강준만, 「왜 선택 사항이 많아지면 오히려 불행해지는가?: 선택의 역설」, 『우리는 왜 이렇게 사는 걸까?: 세상을 꿰뚫는 50가지 이론 2』(인물과사상사, 2014), 313~318쪽 참고.

36 Chris Anderson, 『The Long Tail: Why the Future of Business Is Selling Less of More』(New York: Hyperion, 2006/2008), p.172; 크리스 앤더슨(Chris Anderson), 이노무브그룹 외 옮김, 『롱테일 경제학』(랜덤하우스, 2006), 315쪽.

37 정미경, 「[정미경의 이런영어 저런미국] "당신에게 맞는 속도로 성장하라"」, 『동아일보』, 2021년 12월 27일.

38 Brigid Schulte, 『Overwhelmed: How to Work, Love, and Play When No One Has the Time』(New York: Picador, 2014/2015), pp.46~47; 브리짓 슐트(Brigid Schulte), 안진이 옮김, 『타임 푸어: 항상 시간에 쫓기는 현대인을 위한 일·가사·휴식 균형 잡기』(더퀘스트, 2014/2015), 75쪽.

39 Brigid Schulte, 『Overwhelmed: How to Work, Love, and Play When No One Has the Time』(New York: Picador, 2014/2015), p.82; 브리짓 슐트(Brigid Schulte), 안진이 옮김, 『타임 푸어: 항상 시간에 쫓기는 현대인을 위한 일·가사·휴식 균형 잡기』(더퀘스트, 2014/2015), 129쪽.

40 임귀열, 『임귀열이 전하는 뉴욕 영어 생중계』(그리고책, 2008), 146쪽.

41 Tal Ben-Shahar, 『Happier: Learn the Secrets to Daily Joy and Lasting Fulfillment』(New York: McGraw Hill, 2007), p.165; 탈 벤-샤하르(Tal Ben-Shahar), 노혜숙 옮김, 『해피어: 하버드대 행복학 강의』(위즈덤하우스, 2007), 287쪽.

42 임귀열, 『임귀열이 전하는 뉴욕 영어 생중계』(그리고책, 2008), 146쪽.

43 김태현, 『타인의 속마음, 심리학자들의 명언 700』(리텍콘텐츠, 2020), 179쪽.

44 토머스 빌로드(Thomas J. Vilord) 엮음, 『Great Words of Great Minds: 성공 명언 1001 영한대역』(쌤앤파커스, 2006/2007), 119쪽.

45 토머스 빌로드(Thomas J. Vilord) 엮음, 『Great Words of Great Minds: 성공 명언 1001 영한대역』(쌤앤파커스, 2006/2007), 625쪽.

46 레오짱, 『스티브 잡스 마법의 명언 120』(지니넷, 2011), 7쪽.

47 Walter Isaacson, 『Steve Jobs』(New York: Simon & Schuster, 2011), p.154; 월터 아이작슨(Walter Isaacson), 안진환 옮김, 『스티브 잡스』(민음사, 2011), 255쪽.

48 카마인 갈로(Carmine Gallo), 김태훈 옮김, 『스티브 잡스 프레젠테이션의 비밀』(랜덤하우스, 2009/2010), 26쪽.

49 Jerry Kaplan, 『Startup: A Silicon Valley Adventure』(New York: Penguin Books, 1994), pp.44~45.

50 Walter Isaacson, 『Steve Jobs』(New York: Simon & Schuster, 2011), p.vii; 월터 아이작슨(Walter Isaacson), 안진환 옮김, 『스티브 잡스』(민음사, 2011), 5쪽.

51 'Think Different'의 문법 논란에 대해선 강준만, 「Think Different」, 『교양

영어사전 2』(인물과사상사, 2013), 657~659쪽 참고.

52 토머스 빌로드(Thomas J. Vilord) 엮음, 『Great Words of Great Minds: 성공 명언 1001 영한대역』(쌤앤파커스, 2006/2007), 105쪽.

53 필립 코틀러(Philip Kotler), 김정구 옮김, 『미래형 마케팅』(세종연구원, 1999), 24쪽.

54 Naomi Klein, 『The Shock Doctrine: The Rise of Disaster Capitalism』(New York: Pacador, 2007/2008), p.i; 나오미 클라인 (Naomi Klein), 김소희 옮김, 『쇼크 독트린: 자본주의 재앙의 도래』(살림비즈, 2007/2008), 7쪽.

제5장 미국·영어·노예·실리콘밸리·자동차

1 Daniel Bell, 『The Cultural Contradictions of Capitalism』(New York: Basic Books, 1976), p.58; 대니얼 벨(Daniel Bell), 김진욱 옮김, 『자본주의의 문화적 모순』(문학세계사, 1976/1990), 84쪽.

2 박중서, 「벤저민 프랭클린: 미국의 과학자 겸 정치가」, 『네이버캐스트』, 2011년 5월 11일.

3 Daniel Bell, 『The Cultural Contradictions of Capitalism』(New York: Basic Books, 1976), p.88; 대니얼 벨(Daniel Bell), 김진욱 옮김, 『자본주의의 문화적 모순』(문학세계사, 1976/1990), 129쪽.

4 빌 브라이슨(Bill Bryson), 정경옥 옮김, 『빌 브라이슨 발칙한 영어 산책: 엉뚱하고 발랄한 미국의 거의 모든 역사』(살림, 1994/2009), 71쪽.

5 제임스 M. 바더맨(James M. Vardaman), 이규성 옮김, 『두 개의 미국사: 남부인이 말하는 미국의 진실』(심산, 2003/2004); 크리스토퍼 히친스 (Christopher Hitchens), 김승욱 옮김, 『논쟁』(알마, 2011/2013), 77쪽.

6 임귀열, 「[임귀열 영어] The States vs. America(합중국과 아메리카)」, 『한국일보』, 2014년 7월 8일. America라는 이름의 기원에 대해선, 강준만, 「America」, 『교양영어사전』(인물과사상사, 2012), 30~31쪽 참고.

7 Dorothy Auchter, 『Dictionary of Historical Allusions & Eponyms』 (Santa Barbara, CA: ABC-CLIO, 1998), p.2.

8   새뮤얼 헌팅턴(Samuel P. Huntington), 형선호 옮김, 『새뮤얼 헌팅턴의 미국』(김영사, 2004/2004), 92~93쪽.

9   Samuel P. Huntington, 『The Clash of Civilizations and the Remaking of World Order』(New York: Simon & Schuster, 1996), p.326.

10 Todd Gitlin, 『The Twilight of Common Dreams: Why America Is Wracked by Culture Wars』(New York: Metropolitan Books, 1995), p.46.

11 장석정, 『미국 문화지도』(살림, 2003), 87쪽.

12 임귀열, 「임귀열 영어」, 『한국일보』, 2009년 5월 29일.

13 임귀열, 「[임귀열 영어] The distinction without a difference(같은 듯 다른 발음)」, 『한국일보』, 2011년 12월 20일.

14 Robert D. Putnam, 『Bowling Alone: The Collapse of Revival of American Community』(New York: A Touchstone Book, 2000/2001), p.371; 로버트 퍼트넘(Robert D. Putnam), 정승현 옮김, 『나 홀로 볼링: 볼링 얼론-사회적 커뮤니티의 붕괴와 소생』(페이퍼로드, 2000/2009), 613쪽.

15 임귀열, 「[임귀열 영어] What's your English?(그건 도대체 어떤 영어인가?)」, 『한국일보』, 2012년 2월 10일.

16 Benjamin R. Barber, 『Jihad vs. McWorld: How Globalism and Tribalism Are Reshaping the World』(New York: Ballantine Books, 1995/1996), p.84; 벤저민 바버(Benjamin R. Barber), 박의경·이진우 옮김, 『지하드 대 맥월드』(문화디자인, 1995/2003), 133쪽.

17 벤저민 바버(Benjamin R. Barber), 박의경·이진우 옮김, 『지하드 대 맥월드』(문화디자인, 1995/2003), 36쪽.

18 Matthew Engel, 「Viewpoint: Why do some Americanisms irritate people?」, 『BBC News』, July 13 2011; 임귀열, 「[임귀열 영어] Attitudes toward World English(세계 영어의 흐름)」, 『한국일보』, 2012년 10월 12일.

19 임귀열, 「[임귀열 영어] Briticism vs. Americanism 1」, 『한국일보』, 2012년 10월 4일.

20 임귀열, 「[임귀열 영어] Are we speaking the same language?」, 『한국일

보』, 2013년 2월 19일.

21 고정애, 「영국인도 헷갈리는 영국 지명…구글, 읽는 기술 특허 냈다」, 『중앙일
보』, 2015년 2월 28일.

22 Theodore Zeldin, 『An Intimate History of Humanity』(London:
Vintage Books, 1994/1998), pp7~8.; 테오도르 젤딘(Theodore
Zeldin), 김태우 옮김, 『인간의 내밀한 역사』(강, 1994/1999), 20~21쪽.

23 John Bemelmans Marciano, 『Toponymity: An Atlas of Words』(New
York: Bloomsbury, 2010), p.120.

24 Theodore Zeldin, 『An Intimate History of Humanity』(London:
Vintage Books, 1994/1998), p.10.; 테오도르 젤딘(Theodore Zeldin),
김태우 옮김, 『인간의 내밀한 역사』(강, 1994/1999), 24쪽.

25 Theodore Zeldin, 『An Intimate History of Humanity』(London:
Vintage Books, 1994/1998), p.10.; 테오도르 젤딘(Theodore Zeldin),
김태우 옮김, 『인간의 내밀한 역사』(강, 1994/1999), 24쪽.

26 Marshall McLuhan, 『Understanding Media: The Extensions of Man』
(New York: McGraw-Hill, 1964/1965), p.21; 마셜 매클루언(Marshall
McLuhan), 김성기·이한우 옮김, 『미디어의 이해: 인간의 확장』(민음사, 1964
/2002), 55쪽.

27 김태현, 『세상의 통찰: 철학자들의 명언 500』(리텍콘텐츠, 2020), 58쪽.

28 Erin Barrett & Jack Mingo, 『Random Kinds of Factness 1001』
(San Francisco, CA: Conari Press, 2005), p.150; 「Jonathan Walker
(abolitionist)」, 『Wikipedia』.

29 Allan Metcalf & David K. Barnhart, 『America In So Many Words:
Words That Have Shaped America』(New York: Houghton Mifflin,
1997), pp.109~110.

30 Bob Dole, 『Great Presidential Wit』(New York: Touchstone,
2001/2002), p.41; 밥 돌(Bob Dole), 김병찬 옮김, 『대통령의 위트: 조지 워
싱턴에서 부시까지』(아테네, 2001/2007), 74쪽.

31 정미경, 「[정미경의 이런영어 저런미국] 백악관 직원들이 한입으로 "올해는 종
쳤다"는데?!」, 『동아일보』, 2023년 12월 27일.

32 정미경, 「[정미경의 이런영어 저런미국] 정초부터 불륜이 들통났던 대통령이

있다?」, 『동아일보』, 2023년 1월 7일.

33 김태현, 『세상의 통찰: 철학자들의 명언 500』(리텍콘텐츠, 2020), 166쪽.

34 짐 불리(Jim Bulley), 「[네이티브 잉글리시] '○○밸리'의 남용」, 『중앙선데이』, 2023년 8월 26일.

35 김태현, 『실리콘밸리 천재들의 생각 아포리즘』(리텍콘텐츠, 2023), 278쪽.

36 강준만, 「왜 "그냥 너답게 행동하라"는 조언은 우리에게 무익한가?: 고착형 마인드세트」, 『생각과 착각: 세상을 꿰뚫는 50가지 이론 5』(인물과사상사, 2016), 129~134쪽 참고.

37 Max Fisher, 『The Chaos Machine: The Inside Story of How Social Media Rewired Our Minds and Our World』(New York: Back Bay Books, 2022/2023), p.18; 맥스 피셔(Max Fisher), 김정아 옮김, 『혼란 유발자들: 인간 심리의 취약점을 이용하는 소셜미디어의 뒷이야기』(제이펍, 2022/2024), 29쪽.

38 강준만, 「왜 휴대전화 전쟁에서 일본은 한국에 패배했는가?: 갈라파고스 신드롬」, 『감정 독재: 세상을 꿰뚫는 50가지 이론 1』(인물과사상사, 2013), 285~290쪽 참고.

39 Walter Isaacson, 『Steve Jobs』(New York: Simon & Schuster, 2011), p.240; 월터 아이작슨(Walter Isaacson), 안진환 옮김, 『스티브 잡스』(민음사, 2011), 390쪽.

40 Michael Krantz, 「Steve's Two Jobs」, 『Time』, October 18, 1999, p.40.

41 양윤직, 『TGIF 스토리』(커뮤니케이션북스, 2011), 263쪽.

42 Brigid Schulte, 『Overwhelmed: How to Work, Love, and Play When No One Has the Time』(New York: Picador, 2014/2015), p.91; 브리짓 슐트(Brigid Schulte), 안진이 옮김, 『타임 푸어: 항상 시간에 쫓기는 현대인을 위한 일·가사·휴식 균형 잡기』(더퀘스트, 2014/2015), 144~145쪽.

43 찰스 패너티(Charles Panati), 이용웅 옮김, 『문화와 유행 상품의 역사 1』(자작나무, 1991/1997), 142쪽; 빌 브라이슨(Bill Bryson), 정경옥 옮김, 『빌 브라이슨 발칙한 영어 산책: 엉뚱하고 발랄한 미국의 거의 모든 역사』(살림, 1994/2009), 287~288쪽.

44 John Keats, 『The Insolent Chariots』(Greenwich, Conn.: Fawcett, 1958), p.10.

45 John Keats, 『The Insolent Chariots』(Greenwich, Conn.: Fawcett, 1958), p.160.

46 Marshall McLuhan, 『Understanding Media: The Extensions of Man』 (New York: McGraw-Hill, 1964/1965), p.217; 마셜 매클루언(Marshall McLuhan), 김성기·이한우 옮김, 『미디어의 이해: 인간의 확장』(민음사, 1964 /2002), 306쪽.

47 Charles L. Sanford, 「"Woman's Place" in American Car Culture」, David L. Lewis & Laurence Goldstein, eds., 『The Automobile and American Culture』(Ann Arbor: University of Michigan Press, 1983), p.137.

48 장 보드리야르(Jean Baudrillard), 주은우 옮김, 『아메리카』(문예마당, 1986/1994), 111쪽.

49 Kenneth T. Jackson, 『Crabgrass Frontier: The Suburbanization of the United States』(New York: Oxford University Press, 1985), pp.272, 279~280; Robert D. Putnam, 『Bowling Alone: The Collapse of Revival of American Community』(New York: A Touchstone Book, 2000/2001), p.211; 로버트 퍼트넘(Robert D. Putnam), 정승현 옮김, 『나 홀로 볼링: 볼링 얼론-사회적 커뮤니티의 붕괴와 소생』(페이퍼로드, 2000/2009), 350~351쪽.

50 James B. Twitchel, 『Branded Nation: The Marketing of Megachurch, College Inc., and Museumworld』(New York: Simon & Schuster, 2004/2005), p.92; 제임스 트위첼(James B. Twitchel), 토탈 브랜드코리아 옮김, 『대학 교회 박물관의 브랜드 마케팅 스토리』(김앤김북스, 2004/2007), 137쪽.

제6장 정보·신문·TV·광고·혁신

1 김대식, 『김대식의 빅퀘스천: 우리 시대의 31가지 위대한 질문』(동아시아, 2014), 277쪽; 크리스 앤더슨(Chris Anderson), 정준희 옮김, 『프리: 비트 경제와 공짜 가격이 만드는 혁명적 미래』(랜덤하우스, 2009), 159~160쪽;

「Information」, 『Wikipedia』.

2 임귀열, 「[임귀열 영어] from misinformation to disinformation(오보와 역정보)」, 『한국일보』, 2015년 8월 26일.

3 Neil Postman, 『Amusing Ourselves to Death: Public Discourse in the Age of Show Business)』(New York: Penguin Books, 1985), p.107; 닐 포스트먼(Neil Postman), 홍윤선 옮김, 『죽도록 즐기기』(굿인포메이션, 1985/2009), 170쪽.

4 임귀열, 「[임귀열 영어] from misinformation to disinformation(오보와 역정보)」, 『한국일보』, 2015년 8월 26일.

5 John W. Gardner, 『On Leadership』(New York: The Free Press, 1990), p.63.

6 로버트 대니얼스(Robert V. Daniels), 「소비에트의 탈공산주의 혁명 1989년~1991년: 실패한 개혁과 체제의 붕괴」, 데이비드 파커(David Parker) 외, 박윤덕 옮김, 『혁명의 탄생: 근대 유럽을 만든 좌우익 혁명들』(교양인, 2000/2009), 442~443쪽.

7 「인포메이션캐스케이드(Information Cascade)」, 『네이버 지식백과』; 「Information cascade」, 『Wikipedia』; 강준만, 「왜 선거일 6일 전부터 여론조사 공표 및 인용 보도를 금지하는가?: 정보의 폭포 현상」, 『감정 동물: 세상을 꿰뚫는 이론 6』(인물과사상사, 2017), 273~281쪽 참고.

8 Clay Shirky, 『Here Comes Everybody: How Change Happens When People Come Together』(New York: Penguin Books, 2008), p.163; 클레이 서키(Clay Shirky), 송연석 옮김, 『끌리고 쏠리고 들끓다: 새로운 사회와 대중의 탄생』(갤리온, 2008), 177~178쪽.

9 Christopher Hayes, 『Twilight of the Elites: American After Meritocracy』(New York: Crown Publishers, 2012), p.125; 크리스토퍼 헤이즈(Christopher Hayes), 한진영 옮김, 『똑똑함의 숭배: 엘리트주의는 어떻게 사회를 실패로 이끄는가』(갈라파고스, 2012/2017), 196쪽.

10 「perverse」, 『시사영어사/랜덤하우스 영한대사전』(시사영어사, 1991), 1716쪽; 「perversely」, 『네이버 영어사전』.

11 Martin H. Manser, 『Get to the Roots: A Dictionary of Word & Phrase Origins』(New York: Avon Books, 1990), p.102.

12 Allan Metcalf & David K. Barnhart, 『America In So Many Words: Words That Have Shaped America』(New York: Houghton Mifflin, 1997), pp.130~131.

13 Lewis C. Henry, ed., 『Best Quotations for All Occasions』(New York: Fawcett Premier, 1986), p.232.

14 커윈 C. 스윈트(Kerwin C. Swint), 김정욱·이훈 옮김, 『네거티브, 그 치명적 유혹: 미국의 역사를 바꾼 최악의 네거티브 캠페인 25위~1위』(플래닛미디어, 2005/2007), 354쪽; 최웅·김봉중, 『미국의 역사』(소나무, 1997), 124쪽.

15 Donald O. Bolander, ed., 『Instant Quotation Dictionary』(Little Falls, NJ: Career Publishing, 1981), p.190; Lewis C. Henry, ed., 『Best Quotations for All Occasions』(New York: Fawcett Premier, 1986), p.319; George C. Edwards III & Stephen J. Wayne, 『Presidential Leadership: Politics and Policy Making』(New York: St. Martin's Press, 1985); Harry Kranz, 「The Presidency v. the Press: Who Is Right?」, Aaron Wildavsky ed., 『Perspectives on the Presidency』 (Boston, Mass.: Little, Brown, 1975), pp.205~220.

16 Colin M. Jarman, ed., 『The Book of Poisonous Quotes』 (Lincolnwood, Il.: Contemporary Books, 1993), p.197.

17 Donald O. Bolander, ed., 『Instant Quotation Dictionary』(Little Falls, NJ: Career Publishing, 1981), p.160; Lewis C. Henry, ed., 『Best Quotations for All Occasions』(New York: Fawcett Premier, 1986), p.232.

18 Leonard Roy Frank, ed., 『Quotationary』(New York: Random House, 2010), p.545.

19 Donald O. Bolander, ed., 『Instant Quotation Dictionary』(Little Falls, NJ: Career Publishing, 1981), p.190.

20 Nigel Rees, 『Cassell's Dictionary of Catchphrases』(London: Weidenfeld & Nicolson, 2005), p.13.

21 Donald O. Bolander, ed., 『Instant Quotation Dictionary』(Little Falls, NJ: Career Publishing, 1981), p.190.

22 Leonard Roy Frank, ed., 『Quotationary』(New York: Random

House, 2010), p.545.

23　Margaret Miner & Hugh Rawson, eds., 『The New International Dictionary of Quotations』, 3rd ed.(New York: A Signet Book, 2000), p.388.

24　「burlesque」, 『시사영어사/랜덤하우스 영한대사전』(시사영어사, 1991), 311쪽.

25　Colin M. Jarman, ed., 『The Book of Poisonous Quotes』 (Lincolnwood, Il.: Contemporary Books, 1993), p.197.

26　Leonard Roy Frank, ed., 『Quotationary』(New York: Random House, 2010), p.546.

27　Colin M. Jarman, ed., 『The Book of Poisonous Quotes』 (Lincolnwood, Il.: Contemporary Books, 1993), p.199.

28　Daniel J. Boorstin, 『The Image: A Guide to Pseudo-Events in America』(New York: Atheneum, 1961/1985), p.43; 대니얼 부어스틴 (Daniel J. Boorstin), 정태철 옮김, 『이미지와 환상』(사계절, 1961/2004), 71쪽.

29　Neil Postman, 『Amusing Ourselves to Death: Public Discourse in the Age of Show Business)』(New York: Penguin Books, 1985), p.140; 닐 포스트먼(Neil Postman), 홍윤선 옮김, 『죽도록 즐기기』(굿인포메 이션, 1985/2009), 217쪽.

30　Neil Postman, 『Amusing Ourselves to Death: Public Discourse in the Age of Show Business)』(New York: Penguin Books, 1985), p.118; 닐 포스트먼(Neil Postman), 홍윤선 옮김, 『죽도록 즐기기』(굿인포메 이션, 1985/2009), 185~186쪽.

31　Susan Linn, 『Consuming Kids: The Hostile Takeover of Childhood』 (New York: The New Press, 2004), p.72; 수전 린(Susan Linn), 김 승욱 옮김, 『TV 광고 아이들: 우리 아이들을 위협하는 키즈 마케팅』(들녘, 2004/2006), 120쪽.

32　Cass R. Sunstein, 『Going to Extremes: How Like Minds Unite and Divide』(New York: Oxford University Press, 2009/2011), p.158; 캐 스 R. 선스타인(Cass R. Sunstein), 이정인 옮김, 『우리는 왜 극단에 끌리는 가』(프리뷰, 2009/2011), 216~217쪽.

33 Margaret Miner & Hugh Rawson, eds., 『The New International Dictionary of Quotations』, 3rd ed.(New York: A Signet Book, 2000), p.2.

34 Leonard Roy Frank, ed., 『Quotationary』(New York: Random House, 2010), p.11.

35 제임스 B. 트위첼(James B. Twitchell), 김철호 옮김, 『욕망, 광고, 소비의 문화사』(청년사, 2000/2001), 30쪽.

36 P. T. Barnum 『The Art of Money Getting or Golden Rules for Making Money』(Watchmaker, 1880/1932), p.67.

37 A. H. Saxon, 『P. T. Barnum: The Legend and the Man』(New York: Columbia University Press, 1989), p.205; 강준만, 『흥행의 천재 바넘: P. T. 바넘의 '엔터테인먼트 민주주의'』(인물과사상사, 2016) 참고.

38 Nicholas Carr, 『Big Switch: Rewiring the World, from Edison to Google』(New York: W. W. Norton & Co., 2008), p.205; 니컬러스 카(Nicholas Carr), 임종기 옮김, 『빅스위치: Web2.0시대, 거대한 변환이 시작된다』(동아시아, 2008), 283쪽.

39 Robert I. Fitzhenry, ed., 『The Harper Book of Quotations』(New York: HarperPerennial, 1993), p.19.

40 Marshall McLuhan, 『Understanding Media: The Extensions of Man』(New York: McGraw-Hill, 1964/1965), p.231; 마셜 매클루언(Marshall McLuhan), 김성기 · 이한우 옮김, 『미디어의 이해: 인간의 확장』(민음사, 1964/2002), 325쪽.

41 Robert I. Fitzhenry, ed., 『The Harper Book of Quotations』(New York: HarperPerennial, 1993), p.18.

42 Daniel Bell, 『The Cultural Contradictions of Capitalism』(New York: Basic Books, 1976), p.69; 대니얼 벨(Daniel Bell), 김진욱 옮김, 『자본주의의 문화적 모순』(문학세계사, 1976/1990), 101쪽.

43 Janet Lowe, 『Google Speaks: Secrets of the World's Greatest Billionaire Entrepreneurs, Sergey Brin and Larry Page』(Hoboken, NJ: John Wiley & Sons, 2009), p.93; 재닛 로우(Janet Lowe), 배현 옮김, 『구글 파워: 전 세계 선망과 두려움의 기업』(애플트리태일즈, 2009/2010),

114쪽.

44 Janet Lowe, 『Google Speaks: Secrets of the World's Greatest Billionaire Entrepreneurs, Sergey Brin and Larry Page』(Hoboken, NJ: John Wiley & Sons, 2009), p.95; 재닛 로우(Janet Lowe), 배현 옮김, 『구글 파워: 전 세계 선망과 두려움의 기업』(애플트리태일즈, 2009/2010), 116쪽.

45 Janet Lowe, 『Google Speaks: Secrets of the World's Greatest Billionaire Entrepreneurs, Sergey Brin and Larry Page』(Hoboken, NJ: John Wiley & Sons, 2009), p.95; 재닛 로우(Janet Lowe), 배현 옮김, 『구글 파워: 전 세계 선망과 두려움의 기업』(애플트리태일즈, 2009/2010), 116쪽.

46 한태봉, 「[영상] ③ 구글, 연예인과 구글 걱정은 쓸데없다고? 왜?」, 『뉴스핌』, 2023년 6월 2일.

47 김태현, 『타인의 속마음, 심리학자들의 명언 700』(리텍콘텐츠, 2020), 178쪽.

48 김대균, 「[김대균의 영어 산책] 억만장자(billionaire)들의 명언으로 배우는 영어 공부」, 『Korea Herald』, 2023년 10월 27일.

49 김태현, 『실리콘밸리 천재들의 생각 아포리즘』(리텍콘텐츠, 2023), 33쪽.

50 Walter Isaacson, 『Steve Jobs』(New York: Simon & Schuster, 2011), p.136; 월터 아이작슨(Walter Isaacson), 안진환 옮김, 『스티브 잡스』(민음사, 2011), 228쪽.

51 Walter Isaacson, 『Steve Jobs』(New York: Simon & Schuster, 2011), p.570; 월터 아이작슨(Walter Isaacson), 안진환 옮김, 『스티브 잡스』(민음사, 2011), 885~886쪽.

52 클레이튼 크리스텐슨(Clayton M. Christensen), 이진원 옮김, 『혁신 기업의 딜레마: 미래를 준비하는 기업들의 파괴적 혁신 전략』(세종서적, 1997/2009), 322~323쪽.

53 「Open innovation」, 『Wikipedia』; 심재우, 「[취재일기] '기술 갈라파고스' 자초하는 일본」, 『중앙일보』, 2013년 2월 1일.

54 이시즈카 시노부(石塚 しのぶ), 이건호 옮김, 『아마존은 왜? 최고가에 자포스를 인수했나?』(북로그컴퍼니, 2009/2010), 23쪽.

55 「Reverse innovation」, 『Wikipedia』; 이신영, 「[Weekly BIZ] [Cover

Story] 세계 3대 경영 대가 비제이 고빈다라잔 교수: 역혁신…한국 기업 총수들 아프리카 가서 살아라」, 『조선일보』, 2013년 5월 11일.

제7장 리더십·권위·민주주의·정부·정체성

1 Warren G. Bennis & Robert J. Thomas, 『Geeks & Geezers: How Era, Values, and Defining Moments Shape Leaders』(Boston, Mass.: Harvard Business School Press, 2002), p.124; 워런 베니스(Warren G. Bennis)·로버트 토머스(Robert J. Thomas), 신현승 옮김, 『시대와 리더십』(세종연구원, 2002/2003), 192쪽.

2 임귀열, 「[임귀열 영어] Being a Leader(지도자)」, 『한국일보』, 2013년 1월 30일.

3 Julia Vitullo-Martin & J. Robert Moskin, 『Executive's Book of Quotations』(New York: Oxford University Press, 1994), p.162.

4 Warren G. Bennis & Robert J. Thomas, 『Geeks & Geezers: How Era, Values, and Defining Moments Shape Leaders』(Boston, Mass.: Harvard Business School Press, 2002), p.137; 워런 베니스(Warren G. Bennis)·로버트 토머스(Robert J. Thomas), 신현승 옮김, 『시대와 리더십』(세종연구원, 2002/2003), 208쪽.

5 J. Donald Walters, 『The Art of Supportive Leadership: A Practical Guide for People in Positions of Responsibility』(Nevada City, CA: Crystal Clarity, 1987), p.11.

6 C. Gene Wilkes, 『Jesus on Leadership: Discovering the Secrets of Servant Leadership』(Wheaton, Illinois: Tyndale House Publishers, 1996/1998), p.27.

7 George W. Bush, 「부시 대통령 후보 수락 연설」, 『월간조선』, 2000년 9월, 625~650쪽.

8 Robert B. Reich, 『The Future of Success: Working and Living in the New Economy』(New York: Vintage Books, 2000/2002), pp.207~208; 로버트 라이시(Robert B. Reich), 오성호 옮김, 『부유한 노예』(김영사,

2000/2001), 292~294쪽.

9   Warren G. Bennis & Robert J. Thomas, 『Geeks & Geezers: How Era, Values, and Defining Moments Shape Leaders』(Boston, Mass.: Harvard Business School Press, 2002), p.138; 워런 베니스(Warren G. Bennis)·로버트 토머스(Robert J. Thomas), 신현승 옮김, 『시대와 리더십』(세종연구원, 2002/2003), 209쪽.

10 John Calvin Maxwell, 『Relationships 101』(Nashville, Tennessee: Thomas Nelson, 2003), p.87.

11 John Calvin Maxwell, 『Attutude 101』(Nashville, Tennessee: Thomas Nelson, 2003), p.97.

12 조승연, 「[Weekly BIZ] [인문학으로 배우는 비즈니스 영어] authority」, 『조선일보』, 2014년 4월 19일; 로버트 그린(Robert Greene)·피프티 센트(Fifty Cent), 안진환 옮김, 『50번째 법칙: 역사상 가장 대담하고 냉혹한 성공의 기술』(살림비즈, 2009), 213쪽.

13 「Authority」, 『Wikipedia』.

14 셸던 윌린(Sheldon S. Wolin), 우석영 옮김, 『이것을 민주주의라고 말할 수 있을까?: 관리되는 민주주의와 전도된 전체주의의 유령』(후마니타스, 2008/2013), 165쪽.

15 Thomas A. Harris, 『I'm Ok-You're OK』(New York: Avon Books, 1967/1973), p.38; 토머스 해리스(Thomas A. Harris), 『마음의 해부학: 친밀한 관계를 만드는 소통의 비밀』(21세기북스, 1967/2008), 36쪽.

16 김태현, 『타인의 속마음, 심리학자들의 명언 700』(리텍콘텐츠, 2020), 133쪽.

17 김재휘, 『설득 심리 이론』(커뮤니케이션북스, 2013), 20~21쪽; 김경일, 「권위와 복종: 왜 불공정함도 따를까」, 『네이버캐스트』, 2011년 10월 24일; 강준만, 「왜 우리는 '조폭 문화'에 쉽게 빠져드는가?: 권위에 대한 복종」, 『우리는 왜 이렇게 사는 걸까?: 세상을 꿰뚫는 50가지 이론 2』(인물과사상사, 2014), 259~264쪽 참고.

18 김용택, 「너는 나다」, 『서울신문』, 2005년 12월 29일, 26면.

19 김태현, 『타인의 속마음, 심리학자들의 명언 700』(리텍콘텐츠, 2020), 132쪽.

20 김태현, 『타인의 속마음, 심리학자들의 명언 700』(리텍콘텐츠, 2020), 129쪽.

21 David Brooks, 『Bobos in Paradise: The New Upper Class and How

They Got There』(New York: A Touchstone Book, 2000/2001), p.264; 데이비드 브룩스(David Brooks), 형선호 옮김, 『보보스: 디지털 시대의 엘리트』(동방미디어, 2000/2001), 279쪽.

22 David Brooks, 『Bobos in Paradise: The New Upper Class and How They Got There』(New York: A Touchstone Book, 2000/2001), p.265; 데이비드 브룩스(David Brooks), 형선호 옮김, 『보보스: 디지털 시대의 엘리트』(동방미디어, 2000/2001), 280쪽.

23 Todd Gitlin, 『Media Unlimited: How the Torrent of Images and Sounds Overwhelms Our Lives』(New York: Metropolitan Books, 2002), p.43; 토드 기틀린(Todd Gitlin), 남재일 옮김, 『무한 미디어: 미디어 독재와 일상의 종말』(Human & Books, 2002/2006), 68~69쪽.

24 Barack Obama, 『The Audacity of Hope: Thoughts on Reclaiming rhe American Dream』(New York: Vintage Books, 2006/2008), p.161; 버락 오바마(Barack Obama), 홍수원 옮김, 『담대한 희망: 새로운 미국에 대한 전망과 모색』(랜덤하우스, 2006/2007), 202쪽.

25 「office」, 『시사영어사/랜덤하우스 영한대사전』(시사영어사, 1991), 1592쪽.

26 E. E. Schattschneider, 『The Semi-Sovereign People: A Realists' View of Democracy in America』(New York: Holt, Rinehart and Winston, 1960), p.121; E. E. 샤츠슈나이더(E. E. Schattschneider), 현재호·박수형 옮김, 『절반의 인민주권』(후마니타스, 1960/1975/2008), 195~196쪽.

27 E. E. Schattschneider, 『The Semi-Sovereign People: A Realists' View of Democracy in America』(New York: Holt, Rinehart and Winston, 1960), p.135; E. E. 샤츠슈나이더(E. E. Schattschneider), 현재호·박수형 옮김, 『절반의 인민주권』(후마니타스, 1960/1975/2008), 215쪽.

28 Samuel P. Huntington, 『The Clash of Civilizations and the Remaking of World Order』(New York: Simon & Schuster, 1996), p.31; 새뮤얼 헌팅턴(Samuel P. Huntington), 이희재 옮김, 『문명의 충돌』(김영사, 1996/1997), 32쪽.

29 James Surowiecki, 『The Wisdom of Crowds』(New York: Anchor Books, 2004/2005), p.261; 제임스 서로위키(James Surowiecki), 홍대

운·이창근 옮김, 『대중의 지혜: 시장과 사회를 움직이는 힘』(랜덤하우스중앙, 2004/2005).

30 정미경, 「[정미경의 이런영어 저런미국] "우리는 '웃긴 대통령'을 원한다"」, 『동아일보』, 2022년 6월 11일.

31 Charles Leadbeater, 『We-Think: Mass Innovation, Not Mass Production』(London: Profile Books, 2008/2009), p.215; 찰스 리드비터(Charles Leadbeater), 이순희 옮김, 『집단지성이란 무엇인가: 우리는 나보다 똑똑하다』(21세기북스, 2008/2009), 268~269쪽.

32 찰스 테일러(Charles Taylor), 송영배 옮김, 『불안한 현대사회』(이학사, 1991/1996), 27쪽.

33 Samuel P. Huntington, 『The Clash of Civilizations and the Remaking of World Order』(New York: Simon & Schuster, 1996), p.21; 새뮤얼 헌팅턴(Samuel P. Huntington), 이희재 옮김, 『문명의 충돌』(김영사, 1996/1997), 20쪽.

34 David Kirkpatrick, 『The Facebook Effect: The Inside Story of the Company That Is Connecting the World』(New York: Simon & Schuster, 2010/2011), p.199; 데이비드 커크패트릭(David Kirkpatrick), 임정민·임정진 옮김, 『페이스북 이펙트』(에이콘, 2010), 289쪽.

35 David Kirkpatrick, 『The Facebook Effect: The Inside Story of the Company That Is Connecting the World』(New York: Simon & Schuster, 2010/2011), p.202; 데이비드 커크패트릭(David Kirkpatrick), 임정민·임정진 옮김, 『페이스북 이펙트』(에이콘, 2010), 294쪽.

36 「Voting machine」, 『Wikipedia』.

37 Ezra Klein, 『Why We're Polarized』(New York: Avid Reader Press, 2020/2021), p.63; 에즈라 클라인(Ezra Klein), 황성연 옮김, 『우리는 왜 서로를 미워하는가』(월북, 2020/2022), 96쪽.

38 Max Fisher, 『The Chaos Machine: The Inside Story of How Social Media Rewired Our Minds and Our World』(New York: Back Bay Books, 2022/2023), p.32; 맥스 피셔(Max Fisher), 김정아 옮김, 『혼란 유발자들: 인간 심리의 취약점을 이용하는 소셜미디어의 뒷이야기』(제이펍, 2022/2024), 47쪽; 강준만, 「왜 명문대는 물론 명문고 학생들까지 '과잠'을

맞춰 입는가?: 사회정체성 이론」, 『생각과 착각: 세상을 꿰뚫는 50가지 이론 5』 (인물과사상사, 2016), 75~82쪽 참고.

39 Jeremy Rifkin, 『The European Dream: How Europe's Vision of the Future Is Quietly Eclipsing the American Dream』(New York: Penguin, 2004/2005), p.171; 제러미 리프킨(Jeremy Rifkin), 이원기 옮김, 『유러피언 드림: 아메리칸 드림의 몰락과 세계의 미래』(민음사, 2004/2005), 222쪽.

40 Jeremy Rifkin, 『The European Dream: How Europe's Vision of the Future Is Quietly Eclipsing the American Dream』(New York: Penguin, 2004/2005), p.172; 제러미 리프킨(Jeremy Rifkin), 이원기 옮김, 『유러피언 드림: 아메리칸 드림의 몰락과 세계의 미래』(민음사, 2004/2005), 223쪽.

41 임귀열, 「[임귀열 영어] Hilarious Quotes and Jokes(웃게 만드는 표현들)」, 『한국일보』, 2012년 8월 29일.

42 임귀열, 「[임귀열 영어] Government and Civil Happiness(정부와 국민의 행복)」, 『한국일보』, 2014년 10월 15일.

43 Margaret Miner & Hugh Rawson, eds., 『The New International Dictionary of Quotations』, 3rd ed.(New York: A Signet Book, 2000), p.174.

44 Margaret Miner & Hugh Rawson, eds., 『The New International Dictionary of Quotations』, 3rd ed.(New York: A Signet Book, 2000), p.173.

45 Margaret Miner & Hugh Rawson, eds., 『The New International Dictionary of Quotations』, 3rd ed.(New York: A Signet Book, 2000), pp.174~175.

46 Margaret Miner & Hugh Rawson, eds., 『The New International Dictionary of Quotations』, 3rd ed.(New York: A Signet Book, 2000), p.173.

47 Jerry TerHorst, 「Press Conferences in Campaigns」, L. Patrick Devlin, ed., 『Political Persuasion in Presidential Campaigns』(New Brunswick, N. J.: Transaction Books, 1987), pp.753~784; 정미경,

「[정미경의 이런영어 저런미국] 명예의 전당에 오른 미국 대통령들의 명연설」, 『동아일보』, 2022년 6월 4일; 임귀열, 「[임귀열 영어] 독백은 두 번 해도 대화가 아니다(Two monologues do not make a dialogue)」, 『한국일보』, 2011년 5월 18일; 데이비드 그레이버(David Graeber), 김영배 옮김, 『관료제 유토피아: 정부, 기업, 대학, 일상에 만연한 제도와 규제에 관하여』(메디치, 2015/2016), 24쪽.

48 이원재, 『이상한 나라의 경제학』(어크로스, 2012), 79~81쪽.

인문학과 손잡은
영어 공부 3
ⓒ 강준만, 2024

초판 1쇄 2024년 5월 10일 찍음
초판 1쇄 2024년 5월 17일 펴냄

지은이 | 강준만
펴낸이 | 강준우
표지 디자인 | 강지수
인쇄·제본 | 지경사문화

펴낸곳 | 인물과사상사
출판등록 | 제17-204호 1998년 3월 11일

주소 | (04037) 서울시 마포구 양화로7길 6-16 서교제일빌딩 3층
전화 | 02-325-6364
팩스 | 02-474-1413

www.inmul.co.kr | insa@inmul.co.kr

ISBN 978-89-5906-754-1 04300
        978-89-5906-739-8 (세트)

값 18,000원